Teotihuacán

Un apasionante repaso a la primera gran ciudad de Mesoamérica y su influencia en civilizaciones mesoamericanas como la maya y la azteca

Índice

Introducción

Los mexica-aztecas se adentraron en las antiguas ruinas, mirando a su alrededor con asombro. Hacía más de un siglo que habían abandonado su hogar de Aztlán, vagando como nómadas por el duro terreno del noroeste de México. Ahora, a finales del siglo XIII d. C., los mexica-aztecas habían llegado a una extraordinaria ciudad que, en su mayor parte, había sido abandonada cinco siglos antes. Contemplaron asombrados las pirámides, la más alta de las cuales se alzaba 216 pies sobre el centro de la ciudad. Inspeccionaron los vívidos murales y las fascinantes esculturas.

Invadidos por la reverencia y la emoción, los aztecas susurraron: "¡Aquí deben haber nacido los dioses!".

Y así, la llamaron Teotihuacán, que en su lengua náhuatl significaba "el lugar donde surgieron los dioses". Su nombre original sigue siendo un misterio. Las antiguas ruinas se encontraban en una fértil cuenca con ríos y un clima templado. Sin embargo, curiosamente, los aztecas dejaron atrás la ciudad y sus fantasmas, y siguieron hacia el suroeste otros ochenta kilómetros, rodeando las orillas del lago de Texcoco. Siguiendo a su dios colibrí, Huitzilopochtli, fundaron la ciudad de Tenochtitlán en una isla de un pantano. Sin embargo, esa famosa ciudad nunca llegó a acercarse a la escala y grandeza de Teotihuacán. Todo el complejo de templos de los aztecas en Tenochtitlán era sólo una sexta parte del tamaño de la Avenida de los Muertos de Teotihuacán, con sus monumentales pirámides e impresionantes templos.

Mesoamérica es una región que se extiende desde México hasta Costa Rica y que presenta rasgos culturales similares. Teotihuacán, una de las primeras cunas de la civilización urbana mesoamericana, rivalizaba en sofisticación con las ciudades mayas. En su apogeo, fue la ciudad más grande de América y una de las seis mayores del mundo. En lugar de ser monocultural, Teotihuacán era una ciudad cosmopolita que acogía a inmigrantes de culturas situadas a cientos de kilómetros de distancia.

Asentada hacia el año 200 a. C., quizá ya en el 400 a. C., sus habitantes construyeron las estructuras más destacadas de la ciudad aproximadamente entre los años 100 y 350 d. C. Desde entonces hasta el 650 d. C., la ciudad vivió su época dorada, con una población estimada de entre 125.000 y 200.000 habitantes que vivían en complejos de apartamentos en el núcleo urbano. Las estructuras monumentales de la ciudad se alineaban en un eje norte-sur, con la Pirámide del Sol en el centro y la Pirámide de la Luna en el extremo norte. Al sur, quince pirámides más pequeñas rodeaban una plaza hundida con el Templo de la Serpiente Emplumada. Unos canales de piedra desviaban el río San Juan para cruzar la Avenida de los Muertos, que unía las pirámides. Todo esto lo construyeron sin rueda ni bestias de carga.

Pirámide de la Luna [1]

Teotihuacán fue un próspero centro comercial. Uno de sus principales productos de exportación era el afilado vidrio de obsidiana volcánica utilizado como puntas de flecha, puntas de lanza y hojas de cuchillo. Los artesanos de numerosos talleres situados al oeste de la Pirámide de la Luna trabajaban el vidrio, que se formaba a partir de magma fundido y se extraía de la cercana Sierra de las Navajas y de las montañas de Otumba. Se han encontrado objetos de obsidiana verde fabricados en Teotihuacán en la ciudadela maya de Tikal, en Guatemala, a casi ochocientos kilómetros de distancia.

Los orígenes, la cultura y la historia de Teotihuacán siguen desconcertando a los arqueólogos. ¿Quién construyó esta increíble ciudad? ¿Los antiguos toltecas? Pero su cultura surgió hacia el final del colapso de Teotihuacán. ¿Quizás los totonacas del este? Tenían una población que vivía dentro de la ciudad; sin embargo, su cultura no surgió hasta alrededor del año 300 de nuestra era. Probablemente contribuyeron a la cúspide de Teotihuacán, pero no a sus orígenes. ¿Un enorme volcán empujó a los zapotecas, mixtecos y mayas hacia el valle? Dado que se desconoce quiénes fueron sus pobladores originales, este libro sigue el ejemplo del antropólogo George L. Cowgill de referirse a los habitantes de la ciudad como "teotihuacanos"[1].

El colapso de Teotihuacán comenzó alrededor del año 550 d. C. con una serie de incendios y destrucciones intencionadas. ¿Qué ocurrió? ¿Fue la ciudad sacudida por revueltas internas o por una invasión exterior? Teotihuacán no tenía murallas ni fortificaciones militares, lo que sugiere que no temía las amenazas externas. En el año 750 d. C., la ciudad estaba casi vacía. ¿Desencadenó una erupción volcánica masiva el cambio climático que condujo a la hambruna?

Esta visión general de Teotihuacán explorará estas cuestiones y otros cautivadores misterios de esta vasta ciudad y su intrigante población. Desentrañaremos los posibles orígenes de los constructores de la ciudad y las teorías que rodean su desarrollo hasta convertirse en un importante centro mesoamericano. Descubriremos cómo se organizó la ciudad y repasaremos la notable cerámica, pinturas y murales producidos por sus ciudadanos. Teotihuacán fue un epicentro religioso, por lo que investigaremos las principales creencias y filosofías de sus habitantes, así como las deidades a quienes rendían culto. También exploraremos los últimos descubrimientos sobre las grandes pirámides y lo que nos dicen sobre la cultura de la ciudad.

Teotihuacán no era una isla en sí misma. Parte de su supremacía fue su condición de centro comercial mesoamericano de primer orden. Este libro examinará sus relaciones con los mayas y los zapotecas y cómo estas civilizaciones intercambiaron ideas y tecnologías. La ciudad estaba casi abandonada cuando los aztecas entraron en escena, pero influyó notablemente en las tribus de habla náhuatl. Descubre cómo los aztecas realizaban peregrinaciones religiosas a las pirámides de Teotihuacán y colonizaron la región.

Los eruditos escriben muchas historias para otros eruditos en un lenguaje académico que la mayoría de la gente encuentra difícil de seguir. Este libro ofrece una panorámica completa y cuidadosamente investigada de Teotihuacán a través de una narración atractiva. A pesar de encontrarse a sólo unos kilómetros al norte de Ciudad de México, los estudios arqueológicos de Teotihuacán son todavía rudimentarios y están en curso. Actualmente, los investigadores están catalogando y analizando los descubrimientos, y este libro explora los estudios publicados más recientemente.

Conocer la historia tiene múltiples beneficios. La historia de Teotihuacán nos ayuda a comprender cómo las migraciones, los fenómenos meteorológicos, la mezcla cultural, los avances innovadores y otras circunstancias pueden dar forma a los acontecimientos locales y mundiales. Teotihuacán es un fascinante ejemplo de cómo una megalópolis puede mezclar con éxito migrantes de múltiples etnias y ofrecer viviendas confortables a toda su población. Al sumergirnos en la historia, adquirimos perspectivas esenciales del pasado y de cómo repercute en nuestros retos actuales. Retrocedamos en el tiempo hasta veinticuatro siglos atrás para explorar el surgimiento de la impresionante ciudad de Teotihuacán y descubrir los catalizadores de su transformación.

PRIMERA PARTE:
HISTORIA DE TEOTIHUACÁN
(300 a. C.- 650 d. C.)

Capítulo 1: Posibles orígenes y primeros asentamientos

¿Sabías que camellos y mamuts vagaban por el valle donde se construiría Teotihuacán? Los camellos de finales del Pleistoceno eran del tamaño de los camellos actuales, pero se parecían un poco a las llamas de hoy en día. En 2019, unos trabajadores que excavaban un nuevo vertedero descubrieron trampas para mamuts en Tultepec, a unos treinta kilómetros al oeste de Teotihuacán. Los arqueólogos se trasladaron rápidamente a la zona y, tras diez meses de excavación, encontraron catorce esqueletos de mamut y algunas vértebras de camello. El nivel de tecnología utilizado por los primeros humanos asombró a los investigadores[1].

Miles de años después, Teotihuacán se convirtió en una ciudad en la cuenca noreste de México. La cuenca (o valle) de México, de 3.700 millas cuadradas, incluye la actual Ciudad de México (a unas veinticinco millas al suroeste de Teotihuacán) y se extiende hacia el este hasta el golfo de México. Aunque se la denomina "valle", se trata de una meseta altiplánica de al menos 2.000 metros sobre el nivel del mar; la altitud de Teotihuacán es de 2.500 metros. La cuenca de México está rodeada de altas montañas, muchas de ellas volcánicas, y la región es propensa a los terremotos.

¿Qué asentamientos había en el valle de México en el periodo Preclásico o Formativo (1500 a. C.-300 d. C.) antes de la llegada de los teotihuacanos? Uno de los primeros centros cacicales fue Tlatilco, a unos veinticinco kilómetros al oeste de donde se construiría Teotihuacán. Tlatilco surgió como centro poblacional hacia 1450 a. C., cubriendo un área de unos 160 acres. Su cultura se extinguió alrededor del año 800 a. C., al menos cuatrocientos años antes de que surgiera Teotihuacán.

Los habitantes de Tlatilco crearon estatuillas de terracota bastante extrañas, que suelen representar a mujeres con grandes caderas y muslos, ojos rasgados y elaborados peinados. La mayoría de las estatuillas miden sólo unos quince centímetros; algunas están embarazadas o tienen niños en brazos. Una de ellas abraza a un perro pequeño, lo que indica que los perros eran mascotas y no sólo comida o guardianes. Una mujer es toda una contorsionista, sentada en una postura de yoga o acrobática con los pies apoyados en la nuca. Algunas figuras tienen dos caras o dos cabezas. Algunas de las cerámicas de Tlatilco reflejaban influencias olmecas, pero otras eran exclusivas de Tlatilco.

La Acróbata de Tlatilco, circa 1300 a 800 a. C.[2]

La cultura olmeca, la primera gran civilización de Mesoamérica, surgió alrededor del año 1600 a. C. Se encontraban al sureste del valle de México, pero influyeron en culturas del Preclásico como la de Tlatilco, en el centro de México. Sus tres ciudades principales se encontraban en las regiones costeras a lo largo del golfo de México, a unos 350 kilómetros al sureste de Teotihuacán. Los olmecas desarrollaron un acueducto de basalto con cisternas de almacenamiento de agua, que llevaba agua dulce a sus ciudades. Su vasto sistema comercial se extendía desde el valle de México hasta Guatemala.

Los olmecas recolectaban savia de los árboles del caucho y fabricaron las primeras pelotas de goma del mundo, que utilizaban en los juegos de pelota; de ahí que los aztecas los llamaran "olmecas" o "gente del caucho". La pirámide olmeca de La Venta, construida poco antes del colapso olmeca, hacia el 400 a. C., podría ser la primera pirámide de Mesoamérica. Y no nos olvidemos del chocolate. Los olmecas descubrieron cómo elaborar una bebida de chocolate a partir de las habas de cacao. También desarrollaron un primitivo sistema de escritura con glifos o símbolos elementales.

La civilización olmeca colapsó más o menos al mismo tiempo que la de Tlatilco, probablemente debido a erupciones volcánicas, terremotos e interrupciones en el sistema fluvial. La cultura olmeca no habría afectado directamente a los teotihuacanos a menos que los vestigios de la población emigraran al valle de México, lo cual es una clara posibilidad. Sin embargo, los arqueólogos creen que los olmecas desarrollaron rasgos arquetípicos que sentaron las bases de las culturas mesoamericanas posteriores. Citan ejemplos como pirámides, campos de pelota y centros ceremoniales, todos ellos hallados en Teotihuacán.[i]

La cultura olmeca despareció antes de la construcción de Teotihuacán. Sin embargo, las ciudades "epiolmecas" de Tres Zapotes y Cerro de la Mesas surgieron en los límites occidentales del antiguo territorio olmeca en torno al año 300 a. C. y perduraron hasta el 250 d. C. Estas ciudades coexistieron con Teotihuacán y parecían vástagos de la cultura olmeca. Estaban menos organizadas y carecían de un arte refinado, aunque poseían un sofisticado sistema de escritura jeroglífica.

---

[i] Ronald A. Grennes-Ravitz and G. H. Coleman, "The Quintessential Role of Olmec in the Central Highlands of Mexico: A Refutation", *American Antiquity* 41, no. 2 (1976): 196. https://doi.org/10.2307/279172.

La cultura de Cuicuilco surgió alrededor del año 1200 a. C. y floreció con varias ciudades desde el 800 a. C. hasta el 150 d. C. Se encontraba en la orilla sur del lago de Texcoco, a unos 65 km al sur de Teotihuacán, en la actual periferia suroccidental de Ciudad de México. Precedió a Teotihuacán y coexistió como rival hostil durante su periodo Preclásico. Cuicuilco fue probablemente la primera ciudad-estado jerárquica organizada y centro religioso de la cuenca de México.

Al igual que la civilización olmeca, Cuicuilco contaba con un sistema hidráulico que traía agua a la ciudad. Pasó de ser un centro agrícola a convertirse en una ciudad de veinte mil habitantes. La ciudad albergaba pirámides, canales de irrigación y un sistema social estratificado. Comenzó a decaer en el siglo I a. C., posiblemente debido a una actividad volcánica menor. Entre el año 245 y el 315 d. C., el cercano volcán Xitle entró en erupción, cubriendo Cuicuilco de lava y ceniza y matando a la mayoría de sus habitantes.

La civilización maya no se extendió al valle de México, pero tuvo un significativo impacto en la cultura del centro de México. Los mayas destacan por la ocupación continua de la península de Yucatán, el sur de México, Guatemala, Belice, El Salvador y Honduras. Una aldea excavada en Belice data del año 2600 a. C. Algunas de sus aldeas agrícolas acabaron convirtiéndose en ciudades con el paso de los siglos, y los mayas empezaron a construir grandes estructuras ceremoniales hacia el 750 a. C.

En la época en que la ciudad de Teotihuacán fue construida en el centro de México, los mayas ya contaban con un sofisticado sistema de escritura y varias grandes ciudades, como El Mirador en Guatemala, que alcanzó una población de 100.000 habitantes en su apogeo. Una vez que los teotihuacanos ascendieron al poder, interactuaron activamente con los mayas, a pesar de la distancia entre ambas civilizaciones. Mantenían estrechas relaciones comerciales, pero en su momento de mayor esplendor, los teotihuacanos se inmiscuyeron en la política maya. Incluso derrocaron a gobernantes mayas en Guatemala y Honduras, entronizando en su lugar a príncipes de Teotihuacán.[i]

Un fraile franciscano llamado Sahagún recopiló en el siglo XVI una investigación etnográfica basada en entrevistas con los aztecas y otras

---

[i] Arthur Demarest, *Ancient Maya: The Rise and Fall of a Forest Civilization* (Cambridge: Cambridge University Press, 2004), 218. ISBN 978-0-521-53390-4. OCLC 51438896.

tribus de habla náhuatl. En su *Códice Florentino*, escrito en náhuatl y español, redactó el relato de la creación azteca. Una vez que los dioses fracasaron en sus cuatro primeros intentos de creación, se reunieron en torno a una hoguera en Teotihuacán, gimiendo: "Oh dioses, ¿quién tendrá la carga de iluminar el mundo?".

Uno de los dioses tendría que sacrificarse para crear un nuevo sol, y el apuesto dios Tecuciztecatl se ofreció como voluntario. Sin embargo, no tuvo valor para arrojarse al fuego. Entonces, el dios más pequeño y humilde, Nanahuatl, saltó al fuego. Avergonzado por su cobardía, Tecuciztecatl se lanzó tras Nanahuatl. Los dioses miraron hacia arriba y vieron dos soles brillando en el cielo. ¡Qué inapropiado! Asqueado, un dios arrojó un conejo a la cara de Tecuciztecatl, atenuando su luz. Éste se convirtió en la Luna. El mito explica la forma del conejo en la cara de la luna, pero también indica el concepto azteca de que Teotihuacán existía antes de la quinta y última creación del mundo.

Los aztecas creían que Teotihuacán era la ciudad de los dioses, pero ¿quiénes eran los teotihuacanos humanos que poblaron inicialmente la región? ¿Cuáles eran sus orígenes? Una teoría sostiene que los totonacas, que actualmente habitan las zonas de Veracruz y Puebla, al sur, construyeron Teotihuacán. Según su tradición oral, vivían en el noreste del valle de México y construyeron Teotihuacán. Tras la caída de la ciudad, los totonacas dicen que emigraron a las regiones que ocupan en la actualidad, especialmente El Tajín.

La evidencia arqueológica en Teotihuacán y El Tajín muestra una fuerte conexión entre las ciudades. Por ejemplo, en Teotihuacán aparecen volutas decorativas del estilo de El Tajín, y la ciudad importó cerámica totonaca de la costa del Golfo. Teotihuacán estableció una base de obsidiana en las montañas de Tuxtla, al sur de Veracruz, en el siglo IV de nuestra era. Sin embargo, no se ha demostrado si la conexión entre las ciudades se debía principalmente al comercio o si los teotihuacanos eran en realidad totonacas.

Estatuilla de jefe totonaca, circa 300-600 d. C. ⁸

Los antropólogos George Cowgill y Tatsuya Murakami especularon con la posibilidad de que los teotihuacanos no fueran una sola tribu, sino que abrazaran el sinoecismo: la unión de varias sociedades. Creían que este grupo de pueblos múltiples compartía la igualdad administrativa. ¿Qué sentido tendría fusionarse? Cowgill sugirió que pudo haber sido para defenderse mutuamente de los cuicuilco, la civilización más poderosa del valle de México en los inicios de Teotihuacán.ⁱ

¿Quiénes eran las tribus originales en la teórica fusión? Los hallazgos arqueológicos indican que, antes de la fundación de Teotihuacán, existían al menos cien pequeños asentamientos en el valle y que la población de las ciudades más grandes alcanzaba los cuatro mil habitantes. Pero aparte de Cuicuilco, estos asentamientos no parecían tener un centro claro; todos parecían ser independientes entre sí. Es posible que restos de las civilizaciones olmeca o epiolmeca llegaran al noreste del valle de México y se fusionaran con otras culturas. La

ⁱ Matthew Robb, ed, *Teotihuacan: City of Water, City of Fire* (Berkeley: University of California Press, 2017), 21.

cerámica de Teotihuacán incluye motivos olmecas y su arte refleja conceptos cosmológicos similares. Bajo la Pirámide del Sol hay canales de piedra de estilo olmeca, aparentemente utilizados para canalizar el agua.

Cowgill, que cartografió sistemáticamente Teotihuacán, cree que del 150 al 1 a. C., el asentamiento teotihuacano llegó a tener una población de hasta cuarenta mil personas y cubría tres millas cuadradas.[i] Los antropólogos llaman a este periodo la Fase Formativa Temprana de Teotihuacán o Fase Patlachique, basándose en el tipo de cerámica de este periodo. La mayoría de sus monumentales pirámides y otras grandes estructuras aún no habían sido construidas, a excepción de varios complejos con un grupo de tres pequeñas pirámides y quizá la primera etapa de la Pirámide de la Luna. Sin embargo, se trataba de un tamaño extraordinario para una ciudad mesoamericana de la época. Fue sin duda la más grande del valle de México en aquella época. Cuicuilco era la única otra ciudad de tamaño considerable en el centro de México durante esa época, tenía veinte mil residentes en su época de mayor esplendor y ya estaba en decadencia debido a la actividad volcánica.

Los antropólogos Claudia García-Des Lauriers y Tatsuya Murakami creen que en aquella época Teotihuacán era probablemente un conjunto de comunidades independientes. Coinciden con Cowgill en que varias culturas pudieron unirse en beneficio mutuo sin un gobierno central o un gobernante que dominara toda la ciudad. Sin embargo, colaboraron en proyectos, como la construcción de canales desde el río San Juan.[ii]

La Fase Formativa Tardía de Teotihuacán, o Fase Cerámica de Tzacualli, se extendió desde el año 1 hasta el 150 de nuestra era. Hacia el año 100 d. C., Teotihuacán había duplicado su población, con unas ochenta mil personas viviendo en la ciudad, y comenzó la construcción de algunas de las estructuras monumentales de la ciudad. Los teotihuacanos construyeron la Pirámide de la Luna original en torno al año 100 d. C. y continuaron ampliándola hasta alrededor del 400-450 d. C.

---

[i] George L. Cowgill, "State and Society at Teotihuacan, Mexico", *Annual Review of Anthropology* 26 (1997): 133. http://www.jstor.org/stable/2952518.

[ii] Claudia García-Des Lauriers, ed. and Tatsuya Murakami, ed, *Teotihuacan and Early Classic Mesoamerica: Multiscalar Perspectives on Power, Identity, and Interregional Relations* (Louisville: University Press of Colorado, 2021).

Escultura de una serpiente emplumada del Templo de la Serpiente Emplumada de Teotihuacán[i]

Cowgill especuló que un dictador poderoso y carismático gobernó la ciudad a finales del siglo II, impulsando sus ambiciosos proyectos en el Clásico Temprano o Fase Miccaotli, de 150 a 200 d. C.[i] Los teotihuacanos pusieron en marcha un enérgico programa de construcción en el centro de la ciudad, que incluyó la edificación del Templo de la Serpiente Emplumada en el extremo sur de la Avenida de los Muertos, de cinco kilómetros de longitud.

También construyeron la Ciudadela, el extenso patio hundido de treinta y ocho acres que la rodea. El descubrimiento de más de doscientos esqueletos de personas sacrificadas en el Templo de la Serpiente Emplumada sugiere una posible transición en el gobierno. El sacrificio humano había sido un rito religioso en Mesoamérica durante más de un milenio, pero no a esta escala. El sacrificio de tanta gente apunta a un gobierno duro y despótico en este momento. La construcción de la Pirámide del Sol pudo haber comenzado alrededor del año 200 d. C. o quizás más tarde; la pirámide sirvió como epicentro de la ciudad. Un edificio conectado a la pirámide pudo haber sido el palacio del gobernante.

Teotihuacán, con unos ochenta mil habitantes hacia el año 100 d. C., creció rápidamente durante casi un siglo. La población de la ciudad se

---

[i] Robb, *Teotihuacan: City of Water*, 22.

estabilizó en torno al año 200 d. C. Las estimaciones sobre su tamaño final varían entre 125.000 y 200.000 habitantes, pero la zona no podía soportar agrícolamente una población mayor de 200.000 habitantes. No sólo creció la ciudad, sino que la región inmediata, en un radio de veinte millas alrededor de la ciudad, también triplicó con creces su población. Mientras tanto, el número de habitantes del resto del valle de México disminuyó.

Según el antropólogo Cowgill, la mayor parte de la población de la cuenca de México se trasladó a Teotihuacán entre los años 100 y 200 d. C.[i] ¿Qué causó esta migración masiva y este explosivo crecimiento? ¿Quién más vivía en el valle de México o en sus cercanías en este periodo? Los estudiosos especulan con que las erupciones volcánicas de Cuicuilco, el valle de Puebla-Tlaxcala y otros lugares del sur propiciaron la llegada de refugiados a la ciudad. Otros emigrantes probablemente llegaron a Teotihuacán con la esperanza de asegurarse un mejor nivel de vida. Se sintieron atraídos por Teotihuacán como destino sagrado, centro económico y robusta capital regional.

Los hablantes de nahua (o náhuatl) (los toltecas, los aztecas y los chichimecas) aún no habían llegado a la cuenca de México, al menos no lo suficiente como para ser influyentes.[ii] Algunos arqueólogos creyeron inicialmente que los toltecas u otros hablantes de náhuatl construyeron Teotihuacán o emigraron a la ciudad, influyendo en sus periodos posteriores. Señalan similitudes en la arquitectura y las imágenes. Sin embargo, es más probable que los toltecas, aztecas y otros grupos tomaran prestado de los teotihuacanos y no al revés. Por un lado, muchas de las imágenes de Teotihuacán eran únicas y no tenían equivalentes en culturas náhuatl posteriores[iii] y, por otro, había una cuestión temporal. Los hablantes de náhuatl empezaron a emigrar a la zona a medida que la gran ciudad declinaba.

Dado que los hablantes de náhuatl aún no estaban presentes, lo más probable es que los emigrantes a Teotihuacán procedieran del sur. Los refugiados procedían casi con toda seguridad de Cuicuilco, donde la población disminuyó notablemente en el mismo periodo, incluso antes de que la devastadora erupción volcánica final cubriera la ciudad de lava.

---

[i] Cowgill, "State and Society", 129.

[ii] Cowgill, "State and Society", 131.

[iii] Cowgill, "State and Society", 133.

Los emigrantes mayas probablemente llegaron a Teotihuacán, ya que por razones desconocidas su civilización experimentó un colapso temporal en esta época. Las pequeñas pirámides de Teotihuacán son muy similares a algunas pirámides mayas.

Otros emigrantes fueron las tribus mixteca y zapoteca de la región de Oaxaca, en el suroeste de México, que formaron subsociedades de clase media en Teotihuacán. Los zapotecas habían sido una fuerza dominante en el suroeste de México desde el año 500 a. C. Los mixtecos alternaban entre ser rivales y aliados de los zapotecas. A medida que sus poblaciones crecían, los zapotecas y mixtecos empezaron a emigrar a Teotihuacán en una fecha cercana al 200 a. C.

A partir del año 100 d. C. formaron en Teotihuacán *barrios* diferenciados, con templos y complejos de viviendas. Los barrios étnicos de Teotihuacán solían estar especializados en la producción artesanal. La ciudad contaba con más de seiscientos talleres artesanales que producían cerámica, figuras de cerámica, armas de obsidiana, objetos de jade, cestería, marroquinería y plumaje. Aunque se integraron en la cultura de Teotihuacán, las tribus oaxaqueñas mantuvieron algunas costumbres étnicas, como los enterramientos en urnas funerarias. Las urnas decorativas eran colocadas en grupos de cinco sobre la tumba, encima del dintel de la puerta, o en algún lugar cercano, pero no dentro de la tumba. Lo que contenían las urnas es un misterio, ya que no queda nada en ellas.

Una urna funeraria zapoteca [5]

La afluencia de emigrantes a Teotihuacán en los dos primeros siglos de la Era Común cambió notablemente la demografía de la ciudad y la convirtió en una población cosmopolita. La arquitectura y el arte empezaron a reflejar diversas culturas y religiones. Sin embargo, el arte de Teotihuacán siguió diferenciándose del típico arte mesoamericano; por ejemplo, rara vez representaba a individuos, como las estatuillas de Tlatilco o las colosales cabezas olmecas. Su estilo arquitectónico general reflejaba las civilizaciones precursoras del valle de México y el valle de Puebla-Tlaxcala, pero con un nuevo giro. Entre los ejemplos que diferencian a Teotihuacán de sus culturas vecinas se encuentran los complejos de apartamentos y la ubicación de sus pirámides en un eje norte-sur a lo largo de un camino procesional.[i]

La migración a Teotihuacán también cambió su tríada de funciones como centro espiritual, comercial y manufacturero. Antes servía como centro religioso ceremonial, pero se convirtió en un núcleo de culto para las múltiples religiones de sus diversas etnias. Teotihuacán no parecía elevar a una deidad en particular por encima de las demás. Su arte religioso y sus artefactos muestran los objetivos compartidos por todos sus habitantes: la lluvia, las cosechas productivas, la prosperidad económica, la fertilidad, un ejército eficaz y el mantenimiento del equilibrio celestial.

Al absorber a la mayor parte de la población del valle de México, Teotihuacán se convirtió en la capital de facto de los asentamientos restantes del valle. Siempre había sido un centro manufacturero y un nudo comercial sin rival, y así continuó, con rutas comerciales que se extendían por toda Mesoamérica. Las diversas etnias aportaron nuevas tecnologías que se mezclaron con la experiencia de los teotihuacanos en la producción de armas de obsidiana, cerámica y otras artesanías.

---

[i] Robb, *Teotihuacan: City of Water*, 15.

Capítulo 2: Los días gloriosos de Teotihuacán

"¿Teotihuacán? ¿Estás seguro? ¡Eso está a novecientas millas al noroeste!".

"¡Sí! Mira la empinada pendiente de esta pirámide y este panel en ángulo recto. Es como una mesa. Eso es talud-tablero. ¡Eso es clásico de Teotihuacán!".

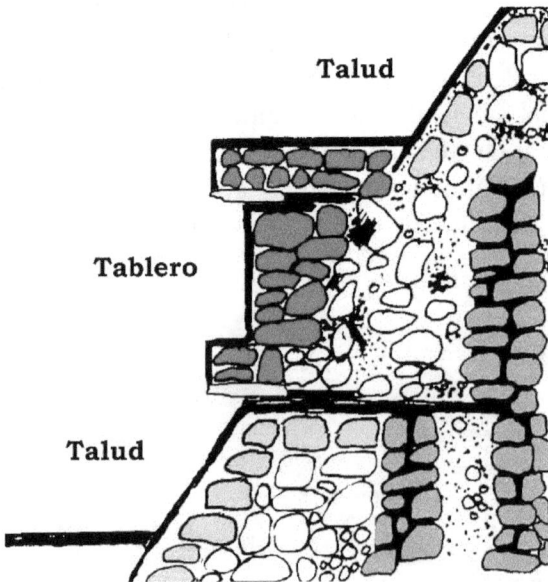

Ejemplo de la arquitectura talud-tablero de Teotihuacán [6]

La arquitectura teotihuacana y otros hallazgos en los suburbios occidentales de Ciudad de Guatemala mostraron el largo brazo de la influencia de Teotihuacán. Teotihuacán vivió su época de esplendor entre los años 350 y 600 de nuestra era. Durante el periodo clásico (150-600 d. C.), se convirtió en una superciudad-estado y se erigió en la principal potencia de una amplia franja de Mesoamérica. Los arqueólogos han encontrado obsidiana, cerámica y otros objetos de Teotihuacán en yacimientos del centro de México y del sur de la región maya de Guatemala, Belice y Honduras.

En su apogeo, Teotihuacán controló la mayor parte del valle de México. Fuera del valle de México, regulaba asentamientos periféricos que eran importantes destinos comerciales y controlaba las rutas entre ellos y Teotihuacán. La ciudad mantuvo complejas relaciones con civilizaciones de toda Mesoamérica. Algunas de estas interacciones se produjeron entre las poblaciones migrantes que vivían en Teotihuacán y sus parientes en territorios mayas y zapotecas.

En sus días de gloria, los teotihuacanos tenían varios centros secundarios en el centro de México. Tenían un asentamiento llamado Chingdu, cerca de lo que se convirtió en la ciudad tolteca de Tollan (Tula), a unos sesenta kilómetros al noroeste de Teotihuacán. Esta ciudad más pequeña modeló el trazado y la arquitectura de Teotihuacán. Era una fuente clave de cal, que se necesitaba en los proyectos de construcción, y los artefactos mostraron que tenía una población mixta de teotihuacanos y zapotecas. Holt Mehta era una ciudad al sur de Chingdu que también dejó una mezcla de artefactos teotihuacanos y zapotecas. Ochenta millas al noroeste de Tollan se encontraba El Rosario, en Querétaro, una lejana colonia de Teotihuacán.[i]

A unos veintiún kilómetros al noreste, los teotihuacanos construyeron Tepeapulco, cerca de donde extraían obsidiana. Es posible que sirviera como centro artesanal para la fabricación de cuchillos, puntas de flecha y otras armas de obsidiana. Calpulalpan se encontraba al este, como puerta de entrada para el comercio con el corredor de Teotihuacán hacia Veracruz, Oaxaca y la región de Puebla. En las orillas del lago de Texcoco había dos centros más pequeños: Azcapotzalco, en la orilla occidental, y Cerro Portezuelo, en la orilla sureste del lago.

En las fases Clásico Temprano y Clásico Medio de Teotihuacán, que condujeron a su apogeo, la ciudad experimentó cambios de liderazgo

---

[i] Cowgill, "State and Society", 134.

que desencadenaron una oleada de construcciones durante varios siglos. Los arqueólogos creen que la clase dirigente de Teotihuacán ejerció una intensa toma de poder en su Fase Clásica Temprana, entre los años 150 y 200 d. C. aproximadamente. Lo que antes podía haber sido una coalición de comunidades semiindependientes pasó a depender de un gobierno central con un liderazgo firme.

La ciudad se embarcó en un asombroso proyecto de renovación urbana en la Fase Clásica Media de Teotihuacán, o Fase Cerámica Tlamimilolpa, que se extendió desde el año 200 al 350 de nuestra era. La metrópoli erigió unos 2.300 complejos de viviendas para la creciente población. Cada complejo albergaba entre sesenta y cien personas en casas de una sola planta rodeadas de patios compartidos. Entre los años 250 y 350 d. C., algunos estudiosos creen que el gobierno de Teotihuacán pasó de una fuerte monarquía centralizada a una administración descentralizada, quizá dirigida por un consejo.

Los teotihuacanos mejoraron la Pirámide de la Luna tres veces entre 250 y 350 d. C., ampliándola significativamente con cada renovación. Aunque los arqueólogos no encontraron sacrificios humanos en sus tres primeros niveles, todos los niveles construidos entre 250 y 350 contenían sacrificios humanos. Se pensaba que la Pirámide del Sol había sido construida cerca del año 200 d. C., pero una reciente datación por radiocarbono la sitúa más cerca de mediados del siglo XX. Los teotihuacanos sacrificaron a varios bebés y niños cuando construyeron esta pirámide. Los restos óseos de los niños se han encontrado bajo la pirámide y en las cuatro esquinas de cada capa de la pirámide. Esto ha llevado a algunos estudiosos a teorizar que la pirámide estaba dedicada al dios de las tormentas, conocido como Tláloc por los aztecas, ya que se lo asociaba con el sacrificio de niños.

Esta máscara de piedra de la época de Xolalpan en Teotihuacán era una ofrenda funeraria [7]

Las fases del Clásico Tardío de la ciudad fueron la era de la cerámica de Xolalpan, de 350 a 550 d. C., y la era de la cerámica de Metepec, de 550 a 600 d. C. La época de Xolalpan fue el apogeo del poder de Teotihuacán, con las grandes pirámides de la ciudad, los templos y los proyectos de vivienda casi terminados. Teotihuacán se centró ahora en el exterior, expandiendo su vasto imperio comercial e incluso conquistando ciudades mayas a unas ochocientas millas al sureste, en Guatemala y Honduras.

Los residentes mayas de la ciudad sufrieron violentos disturbios en torno al año 350 de nuestra era. Los estudiosos creen que los mayas de élite, que actuaban como diplomáticos y facilitadores del comercio, vivían cerca del lado oeste de la Avenida de los Muertos, entre las pirámides del Sol y de la Luna. Recientes excavaciones en la Plaza de las Columnas, en esa parte de la ciudad, han sacado a la luz murales, cerámicas y otros artefactos mayas. Sin embargo, los murales parecen haber sido destruidos y enterrados. Una fosa de huesos calcinados, que se cree que son mayas, apunta a una masacre en torno al año 350 d. C.[i] Tres ancianos mayas, ataviados con ropajes nobiliarios, fueron sacrificados en la cima de la Pirámide de la Luna en esa época.[ii]

Aunque en el Clásico Medio se produjeron otras dos fases de reconstrucción, éstas sustituyeron a estructuras más antiguas en lugar de ampliar la ciudad. La población parece haberse estabilizado en el periodo Clásico Temprano. Es posible que la ciudad cambiara de ideología religiosa en la época de Xolalpan, hacia el 350 d. C. Fue entonces cuando se erigió la plataforma Adosada directamente frente al Templo de la Serpiente Emplumada, bloqueando parcialmente su visión.[iii] Esta transición se habría producido cerca de la época en que el rey Búho Lanzavirotes subió al trono de Teotihuacán, gobernando entre los años 374 y 439 d. C., según las inscripciones mayas.

[i] Lizzie Wade, "The Arrival of Strangers: New Evidence Points to a Clash Between Two Ancient Mesoamerican Cultures, Teotihuacan and the Maya", *Science* (February 27, 2020). https://www.science.org/content/article/astounding-new-finds-suggest-ancient-empire-may-be-hiding-plain-sight

[ii] Arizona State University, "Ceremonial Burial At Moon Pyramid Shows Teotihuacan Rulers Had Mayan Connection", *Science Daily*, October 29, 2002.

[iii] Lauriers and Murakami, *Teotihuacan and Early Classic Mesoamerica*.

Los estudiosos debaten sobre la naturaleza del control de Teotihuacán sobre el resto del valle de México e incluso sobre el resto de Mesoamérica durante sus días de gloria. ¿Ejercía un poder soberano? ¿Eran las ciudades periféricas colonias que pagaban tributo y respondían a los mandatos de Teotihuacán? ¿Fue Teotihuacán en última instancia el centro de un imperio? Los primeros arqueólogos y antropólogos creían que Teotihuacán ejercía una hegemonía o influencia superior sobre otras ciudades y civilizaciones. Señalaban el descomunal tamaño de Teotihuacán y su planificación urbanística, la increíble escala de sus talleres de producción y su población internacional.

Algunos estudiosos sostienen que Teotihuacán dirigía un imperio similar al azteca, que apareció mil años después, en el que las ciudades-estado bajo su control pagaban tributo, normalmente en forma de bienes. De ser así, el tributo podía consistir en grano, pescado seco u otros alimentos para la enorme población de Teotihuacán. El tributo podía consistir en piedras preciosas, metales preciosos o piedra caliza, que era utilizada para fabricar mortero para la construcción. También podían ser textiles. Los mesoamericanos ya habían desarrollado la tecnología del tejido mucho antes del periodo Clásico. Por ejemplo, algunas estatuillas femeninas de Tlatilco llevaban faldas cortas tipo bailarina. Curiosamente, los utensilios para tejer se encontraban con más frecuencia en las tumbas de los hombres. Las figurillas y murales de Teotihuacán muestran a hombres con taparrabos, faldas cortas y, a veces, ponchos. Las telas de algodón empezaron a aparecer en Mesoamérica hacia el año 900 a. C.

A unos cien kilómetros al sur de Teotihuacán se encuentra el actual estado de Morelos, que era la fuente de algodón más cercana. A medida que Teotihuacán crecía en población y poder, influía notablemente en la arquitectura, la organización urbana y los estilos artísticos de Morelos. Los artefactos de Teotihuacán muestran escasos indicios de huso de algodón, por lo que lo más probable es que Morelos exportara a Teotihuacán tejidos de algodón en lugar de algodón en bruto.

Otros estudiosos rechazan la idea de que Teotihuacán fuera la capital de un imperio político. En su lugar, teorizan que Teotihuacán era un imperio comercial. Los teotihuacanos tenían casi el monopolio de la obsidiana verde, que podían intercambiar por otros bienes como alimentos o textiles. Los hallazgos de Kaminaljuyu llevaron a algunos a creer que podría haber sido un enclave de Teotihuacán que controlaba recursos locales como el grano de cacao y desarrolló la complejidad social de la civilización maya. Desde su núcleo en el centro de México, las relaciones comerciales de Teotihuacán influyeron en otras culturas de su periferia.

Curiosamente, nuestra información sobre la realeza de Teotihuacán, como los únicos nombres que tenemos, procede de los mayas, no de los teotihuacanos. Los mayas erigieron pilares de piedra (estelas) con inscripciones que documentaban sus logros y acontecimientos, y los reyes mayas alabaron sus logros por escrito y mediante el arte. Aunque los teotihuacanos tenían un limitado sistema de escritura de glifos, aún sin descifrar, parece que se utilizaban para etiquetas más que para textos extensos.

Los reyes de Teotihuacán también parecían más modestos. Uno de los pocos casos de retrato de un rey teotihuacano fue el de Primer Cocodrilo, que gobernó la ciudad maya de Tikal. La única razón por la que tenemos su retrato es porque los mayas tallaron sus imágenes en la roca, algo que los teotihuacanos no hacían. Annabeth Headrick, profesora de Historia del Arte de la América Antigua en la Universidad de Denver, califica a la realeza de Teotihuacán de "reyes invisibles". "Los gobernantes de Teotihuacán simplemente no anuncian su presencia con la franqueza que los estudiosos mesoamericanos han llegado a esperar".[i]

Con múltiples etnias, Teotihuacán era una ciudad cosmopolita con diversidad social y cultural. Las evidencias arqueológicas demuestran que los inmigrantes oaxaqueños, mayas y de la costa del golfo a Teotihuacán mantuvieron su identidad cultural y los vínculos con su tierra natal. Estas conexiones dieron lugar a complejos intercambios interregionales y a intrincados sistemas políticos y sociales. Los habitantes de Tlailotlacán, el barrio oaxaqueño de Teotihuacán, mantuvieron una estrecha relación con su tierra natal. Teotihuacán pudo haber sido el señor de Monte Albán, la capital oaxaqueña. Las excavaciones arqueológicas realizadas en el territorio oaxaqueño del valle del Río Verde, en la costa del Pacífico, muestran indicios de la alteración de las ciudades y la organización social de Oaxaca, lo que sugiere una invasión teotihuacana.

¿Cómo estaba gobernada la ciudad de Teotihuacán? ¿Tenía un rey? ¿O un consejo gobernante? Los estudiosos debaten acaloradamente

---

[i] Annabeth Headrick, *The Teotihuacan Trinity: The Sociopolitical Structure of an Ancient Mesoamerican City* (Austin: University of Texas Press, 2017).

sobre la naturaleza de la administración de Teotihuacán. Lo más probable es que su política cambiara a lo largo de los años a medida que la ciudad crecía, se enfrentaba a nuevos retos y se volvía cada vez más multiétnica. El antropólogo René Millon, que colaboró con George Cowgill en la cartografía de Teotihuacán, propuso que la ciudad era una república oligárquica. Una oligarquía es un pequeño grupo de personas que gobiernan una ciudad-estado. Suelen pertenecer a la élite y, en ocasiones, a una misma familia. Millon sugirió que Teotihuacán pudo haber tenido un pequeño grupo de personas elegidas para dirigir el gobierno al menos durante la última parte de su historia.

Algunos estudiosos creen que Teotihuacán podría haber seguido el modelo de la cultura epiolmeca, que tenía algo parecido a una república u oligarquía (o quizá ambas cosas) en lugar de un rey. La cultura epiolmeca fue una continuación de la olmeca, aunque a menor escala. Aunque las ciudades olmecas tenían palacios y cabezas colosales que probablemente representaban a reyes, algunas ciudades epiolmecas no muestran indicios de palacio o gran plaza central. La ciudad olmeca de Tres Zapotes tuvo cabezas colosales en sus inicios, pero su historia posterior revela cuatro plazas casi idénticas situadas a unos 800 metros de distancia. La datación por radiocarbono demostró que todas estuvieron ocupadas entre el 400 a. C. y el 1 d. C., lo que indica que la ciudad tenía un gobierno descentralizado. Tres Zapotes tampoco mostraba una clara distinción de riqueza entre sus familias en la época epiolmeca.

¿Qué nos dicen los restos de Teotihuacán sobre su gobierno? Curiosamente, su arte muestra al pueblo rindiendo honores y deferencias a sus deidades, pero no a otras personas.[i] ¿Podrían haber sido igualitarios su gobierno y su sistema social? El proyecto de cartografía reveló otras pistas. René Millon utilizó la topografía aérea a baja altitud para elaborar un mapa base de la ciudad. A continuación, los arqueólogos tomaron secciones de la ciudad y registraron elementos como los montículos de los templos y los artefactos descubiertos en cada sección. Una vez finalizados los trabajos de cartografía y registro, que duraron años, los arqueólogos empezaron a interpretar sus hallazgos.

El proyecto de cartografía descubrió que, en torno al año 200 d. C., Teotihuacán pasó de tener casas pequeñas (normalmente de una sola

---

[i] Cowgill, "State and Society", 136.

habitación) a dos mil conjuntos de edificios de apartamentos de una planta. Los conjuntos representaban el parentesco, la etnia y la ocupación. Algo brillaba por su ausencia: los investigadores no encontraron imágenes, estatuas o estelas que pudieran representar claramente a un rey. Tampoco hallaron sepulturas opulentas, aunque algunos creían que los teotihuacanos podrían haber enterrado a reyes importantes bajo las pirámides, que posteriormente fueron saqueadas. La arqueóloga e historiadora del arte Esther Pasztory sugirió que Teotihuacán podría haber sido una sociedad colectiva y corporativa.

Cowgill consideraba improbable que Teotihuacán hubiera tenido alguna vez reyes hereditarios, aunque sí creía que en sus primeros días de gloria, gobernantes en solitario podrían haber administrado la ciudad. Cowgill estaba razonablemente seguro de que el aumento inicial de población y la construcción de monumentos en Teotihuacán se produjeron durante el gobierno de monarcas fuertes que gobernaban en solitario. No creía posible que un comité hubiera podido llevar a cabo las audaces hazañas que tuvieron lugar en aquella época. Pero más tarde, una vez terminadas las pirámides, pensó que era posible una oligarquía en lugar de un único gobernante autocrático.

Cowgill también admitió la posibilidad de una sociedad colectiva entre el año 250 y el 650 d. C. que antepusiera las necesidades del conjunto a las del individuo. Señaló que en la década del 200 tuvo lugar el proyecto de construcción masiva de edificios de apartamentos para casi toda la población. Dijo que podrían haber estado construyendo más pirámides, pero en lugar de ello prestaron atención a las necesidades de la población, con un plan único que abarcaba todos los segmentos de la sociedad.

Cowgill señaló las pruebas de que este cambio de paradigma tuvo un comienzo violento. Los teotihuacanos construyeron el Templo de la Serpiente Emplumada hacia el año 200 de nuestra era y enterraron bajo él a más de doscientos humanos sacrificados. Aproximadamente un siglo después, el Templo de la Serpiente Emplumada ardió en lo que aparentemente fueron disturbios civiles. Los constructores utilizaron fragmentos de arcilla del templo para erigir la plataforma adosada frente al templo. En lugar de construir un nuevo templo sobre el Templo de la Serpiente Emplumada quemado, simplemente dejaron sus ruinas quemadas allí, bloqueadas de la vista por la plataforma Adosada.

Cowgill pensó que tal vez la violenta quema del templo representaba la revuelta del pueblo contra un régimen brutal. Aunque hubo un lapso de tiempo entre la construcción del templo y el levantamiento, Cowgill especuló que un gobernante más débil sustituyó a una sucesión de reyes fuertes. Durante el gobierno de este rey más ineficaz, la población descontenta finalmente aprovechó la oportunidad para organizar una revolución, tal vez en protesta por el brutal ritual de sacrificios humanos masivos. Teorizó que Teotihuacán podría haber sido un gobierno colectivo en sus primeros días, interrumpido por varios poderosos reyes autocráticos. Tras la revuelta, la ciudad volvió a su gobierno colectivo original.[i]

Las fechas de los sacrificios humanos en las tres pirámides y en la Plaza de las Columnas pueden apoyar la teoría de Cowgill de una revuelta contra el ritual gubernamental del sacrificio humano. El primer caso conocido de sacrificio humano como ritual estatal se produjo en la Pirámide de la Serpiente Emplumada entre los años 150 y 200 de nuestra era. Los teotihuacanos sacrificaron humanos durante las renovaciones de la Pirámide de la Luna, entre los años 250 y 350, y durante la construcción de la Pirámide del Sol, aproximadamente en la misma época.

En la Plaza de las Columnas se produjo una masacre, posiblemente un sacrificio humano, hacia el año 350 de nuestra era. Los arqueólogos no han encontrado pruebas de sacrificios humanos después del 350 d. C. en los monumentos centrales de la Avenida de los Muertos. Los sacrificios humanos pueden haber continuado a nivel local alrededor de la ciudad, pero no parecen haber sido un ritual estatal durante los días de gloria de Teotihuacán.

En la época dorada de Teotihuacán, su gran población estaba en su apogeo. La ciudad se enriqueció gracias a su vasta red comercial y dominó algunos centros urbanos mayas. Las pirámides y las viviendas urbanas estaban terminadas, salvo renovaciones periódicas. El apogeo de Teotihuacán, que duró tres siglos, influyó notablemente en el resto de Mesoamérica. Fue probablemente la primera ciudad multiétnica de América y, sin duda, la más grande de su época.

---

[i] Cowgill, *State and Society*, 154-6.

Capítulo 3: Decadencia y ruina

¿Qué ocurrió con la resplandeciente ciudad de Teotihuacán? ¿Cuál fue la causa de su misterioso declive? ¿Cómo acabó en ruinas hacia el año 650 de nuestra era? ¿Y por qué se abandonó esta próspera metrópoli?

Muchas de las principales ciudades mesoamericanas cayeron ante fuerzas invasoras, como la azteca Tenochtitlan ante los españoles y sus aliados tribales. Otras cayeron ante las fuerzas de la naturaleza; en ocasiones, las erupciones volcánicas, los terremotos o los cambios en los sistemas fluviales fueron devastadores. Pero ninguno de ellos pareció ocurrir en Teotihuacán. ¿Qué ocurrió? ¿Por qué la ciudad más grande de América se convirtió en una ciudad fantasma?

Cowgill señaló que la organización política de Teotihuacán empezó a decaer gradualmente entre los años 450 y 500 d. C., décadas antes de que se produjera un estallido abrupto y violento contra su centro religioso y administrativo. Señaló la ralentización de la importación de bienes de lujo. El tamaño de la ciudad empezó a reducirse a la mitad de la población que tenía en su apogeo. La clase media alta, que servía de intermediaria entre la clase dirigente y los trabajadores de la ciudad, se hizo más rica. Puede que su creciente poder amenazara a las élites más altas.

En Teotihuacán se produjo un colapso de los servicios municipales, como la recolección de basuras. Los arqueólogos encontraron basura apilada a dos metros de altura en algunas calles residenciales. También hallaron indicios de la rápida evacuación de algunos barrios. Los artesanos dejaron sus herramientas y las artesanías en las que habían estado trabajando en medio del suelo de sus talleres, lo que apunta a un acontecimiento abrupto y destructivo[i]

¿Las luchas internas provocaron el colapso final de Teotihuacán? Linda Manzanilla, profesora del Instituto de Investigaciones Antropológicas de la Universidad Nacional Autónoma de México, cree que sí. Señala que parte de lo que hizo grande a Teotihuacán fue su mezcla de etnias, que habían sido desplazadas de otras partes de México por las erupciones volcánicas. Estos inmigrantes llegaron en dos grandes oleadas en los siglos I y IV d. C. y emplearon sus conocimientos en la artesanía y otros oficios, construyendo la economía de la ciudad.[ii]

Gases volcánicos fluyen desde el cráter del Popocatépetl[a]

La primera oleada fue de fugitivos de la erupción volcánica del Popocatépetl del siglo I de nuestra era. El Popocatépetl se encuentra a unos sesenta kilómetros al sur de Teotihuacán y a cuarenta y tres kilómetros al sureste de la actual Ciudad de México, en la región de Pueblo. Aunque sigue siendo un volcán activo, también tuvo glaciares hasta 2001, cuando se derritieron debido a la actividad volcánica. A finales del siglo I d. C., el Popocatépetl explotó con una erupción VEI-6.

---

[i] Robb, *Teotihuacan: City of Water*, 25.

[ii] Linda R. Manzanilla, "Cooperation and Tensions in Multiethnic Corporate Societies Using Teotihuacan, Central Mexico, as a Case Study", *Proceedings of the National Academy of Sciences*. 112, no. 30 (March 2015): 9210-11. https://doi.org/10.1073/pnas.141988111.

Fue tan potente como la erupción del Krakatoa de 1883 en Indonesia, y lanzó ceniza y piedra pómez a diecisiete millas de altura.

Algunos de los supervivientes de la erupción del Popocatépetl probablemente encontraron un hogar en Teotihuacán, que en aquel momento ya era una bulliciosa ciudad de más de cuarenta mil habitantes. A finales del siglo I, el número de habitantes había crecido hasta alcanzar los ochenta mil, en parte debido a la llegada de refugiados de Pueblo desplazados por el volcán. Entre los años 245 y 315 d. C., el volcán Xitle, en el suroeste de la actual Ciudad de México, entró en erupción, poniendo en fuga a la población de Cuicuilco y trayendo más refugiados a Teotihuacán.

Estas dos inmigraciones masivas cambiaron significativamente la demografía de Teotihuacán. El grupo Pueblo que huía del Popocatépetl llegó antes de que Teotihuacán construyera sus complejos de apartamentos y pudo haber dado origen a ese proyecto. La afluencia de refugiados de Cuicuilco pudo haber precipitado el aparente cambio de liderazgo o religión a mediados del siglo IV, cuando ardió el Templo de la Serpiente Emplumada. Esta afluencia migratoria pudo haber engendrado una dinastía extranjera de reyes, como el Búho Lanzavirotes, que invadió las ciudades mayas del sur.

En un principio, los inmigrantes que llegaron a Teotihuacán debieron de encontrar en ella un refugio agradable, ya que se asentaron en los suburbios de la ciudad. Quizá incluso fueron invitados por los dirigentes de la ciudad, que necesitaban trabajadores especializados en campos concretos. Los recién llegados podían poner sus habilidades al servicio de la construcción, la confección de ropa, el tallado de piedras preciosas o el servicio militar. Manzanilla cree que la competencia entre los barrios étnicos era feroz. ¿Quién podía producir los artículos de lujo más codiciados, las mejores obras de arte o los músicos más consumados? Los barrios presentaban especialidades distintas basadas en las habilidades adquiridas en sus tierras de origen. Por ejemplo, muchos de los habitantes de Teopancazco, barrio excavado por Manzanilla, procedían de la costa del Golfo. Sabían tejer algodón y coser prendas de vestir.

La Dra. Manzanilla cree que la élite gobernante de Teotihuacán controlaba las materias primas importadas, lo que probablemente provocó tensiones entre el gobierno y los barrios. Los nativos teotihuacanos no eran necesariamente la élite. El análisis isotópico de restos óseos y artefactos muestra a los teotihuacanos en recintos de estatus inferior en las afueras de la ciudad. Sus artesanos de clase media-alta y jefes de barrio procedían a menudo de distintas regiones. Pero los extranjeros también eran víctimas de sacrificios en la Pirámide de la Luna y la Pirámide de la Serpiente Emplumada. Es probable que la ciudad experimentara cambios de liderazgo a lo largo de su historia, y que los inmigrantes se rebelaran y tomaran el control.

La Dra. Manzanilla pasó ocho años excavando y analizando un barrio multiétnico, Teopancazco, en el sur de la ciudad. Su equipo examinó los restos humanos en busca de enfermedades, lesiones y estado nutricional. Los análisis de ADN revelaron que en el barrio había una mezcla de teotihuacanos nativos que convivían con emigrantes de Chiapas, Hidalgo, Oaxaca, Puebla, Tlaxcala y la costa del Golfo. Muchos de los inmigrantes habían padecido una nutrición insuficiente en su infancia, y Teotihuacán pudo parecer la tierra de la abundancia. Manzanilla incluso sugiere que la ciudad pudo haber tenido un programa de distribución de alimentos.[i]

Pero la ciudad también fue tierra de horror para los migrantes. Casi un tercio de los esqueletos enterrados en el barrio de Teopancazc, principalmente jóvenes emigrantes, mostraban signos de muerte violenta, con la cabeza cortada. Veintinueve víctimas fueron decapitadas al mismo tiempo en un acto ceremonial en torno al año 350 de la era cristiana. Las cabezas cortadas fueron colocadas en un cráter con un plato o cuenco sobre cada una de ellas. Este sacrificio humano tuvo lugar poco después de que probablemente llegaran refugiados de la erupción volcánica del Xitle. También fue aproximadamente cuando el Templo de la Serpiente Emplumada fue quemado y poco antes o durante el reinado del Rey Búho Lanzavirotes.

Sólo el 15 por ciento de todos los enterramientos de adultos en el barrio de Teopancazco eran mujeres, aunque en otros barrios de la ciudad había un número casi igual de hombres y mujeres enterrados. ¿Por qué había menos mujeres? ¿Estaban enterradas en otros lugares? Hasta ahora, estas preguntas siguen sin respuesta. Los cadáveres de muchos recién nacidos, con igual número de niños y niñas, fueron enterrados en una zona de la sección noreste del barrio. ¿Fueron estos recién nacidos víctimas de sacrificios?

---

[i] Linda R. Manzanilla, "Cooperation and Tensions", 9212-15.

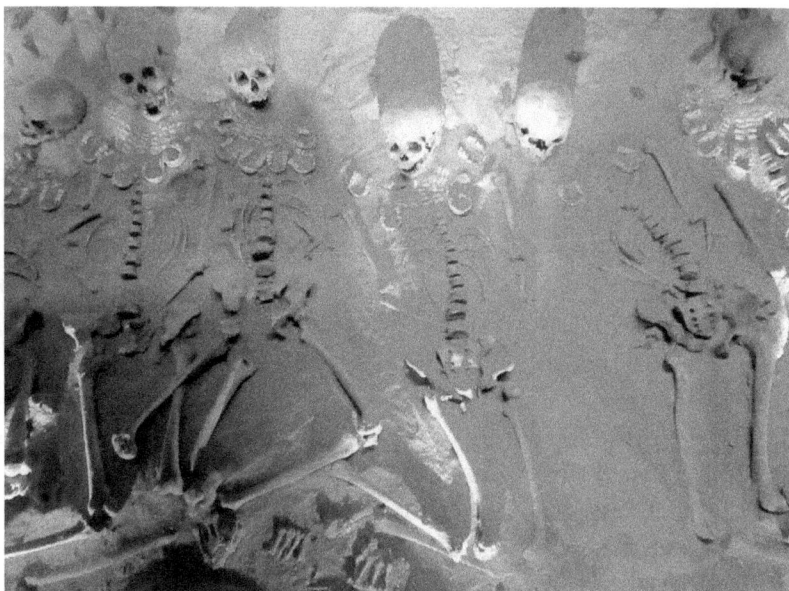

Esqueletos hallados en Teotihuacán [9]

Los restos de tres personas, entre ellas una niña, mostraban exostosis auditiva: crecimiento óseo en el conducto auditivo causado por nadar con frecuencia en aguas frías. Probablemente eran buceadores en busca de conchas y otros objetos. Más del 15% de los esqueletos, entre ellos los de cinco niños, presentaban un crecimiento excesivo del espacio esponjoso de la médula del cráneo, probablemente causado por parásitos o anemia. El 29% de los restos humanos adultos mostraban signos de desnutrición en la infancia. Sin embargo, lo superaron, quizá emigrando a Teotihuacán y disfrutando de un nivel de vida más elevado. La dieta de algunos de los habitantes del barrio incluía marisco. Aunque Teotihuacán estaba a unos 240 km del Golfo, los comerciantes de Veracruz importaban pescado seco. El maíz era su alimento básico; su principal proteína eran los perros y los pavos domésticos alimentados con maíz.

Las marcas en los cuerpos de los trabajadores y los artefactos dejados atrás indican que el empleo del barrio se centraba en la fabricación de redes de pesca. También fabricaban tocados y ropa para la clase media alta y pintaban cerámica y murales. Una especialidad de confección intrínseca al barrio eran las conchas marinas cosidas en tela de algodón. El barrio parecía algo acomodado, con muchos artículos de lujo importados, como piedras semipreciosas y delicada cerámica de Puebla y Tlaxcala.

Los emigrantes trajeron consigo su experiencia artesanal y probablemente entablaron una feroz competencia con otros barrios de la ciudad por el poder económico y el estatus. Manzanilla cree que los barrios tenían organización y liderazgo locales, con élites intermedias que negociaban el acceso a los recursos naturales bajo el control de las élites gobernantes. Estas élites locales también organizaban la venta y exportación de productos manufacturados. Las tensiones entre los distintos niveles de la sociedad prepararon el terreno para el colapso.

Manzanilla teoriza que los enfrentamientos entre los grupos étnicos, los ricos empresarios y el gobierno condujeron a una escena caótica. Al desbordarse las tensiones, el pueblo se rebeló contra la élite y asaltó los lugares que representaban al gobierno. Manzanilla data esta revuelta en torno al año 550 de la era cristiana, aunque Cowgill cree que fue más bien en torno al 650 de la era cristiana. Los alborotadores quemaron los templos y edificios administrativos que bordeaban la Avenida de los Muertos y destrozaron esculturas. Manzanilla cree que se trató de una revuelta interna contra los poderes dirigentes, no de una invasión extranjera.[i] No se produjeron daños graves en los barrios que rodeaban el centro administrativo. La ciudad sobrevivió con una población muy reducida durante otro siglo, aparentemente bajo la misma organización administrativa. Pero ya no sería la estrella más brillante de Mesoamérica.

El antropólogo Ross Hassig teorizó que el declive económico provocó la caída de Teotihuacán. Alrededor de un tercio de la población de la ciudad trabajaba como artesano, produciendo prendas de vestir, elaborados tocados de plumas, exquisita cerámica, objetos de obsidiana y mucho más. Teotihuacán era como una gigantesca planta de fabricación, que producía bienes que circulaban por toda Mesoamérica. Sin embargo, Teotihuacán dependía de un comercio fiable para obtener las materias primas para su producción de bienes. También necesitaba canalizar los productos acabados a mercados situados a cientos de kilómetros de distancia.

Por ello, Teotihuacán estableció centros comerciales en zonas adecuadas y entabló negociaciones con ciudades mayas y otras culturas para el intercambio de mercancías a través de sus territorios. Teotihuacán incluso conquistó varias ciudades mayas en el sur de México, Guatemala y Honduras que se convirtieron en importantes

---

[i] Linda R. Manzanilla, "Cooperation and Tensions", 9214-15.

puestos avanzados en los canales comerciales hacia Centroamérica. Pero los centros comerciales estaban tan alejados que a Teotihuacán le resultaba difícil mantener el control de su vasta red comercial.

Hassig describió un escenario en el que algunos de los aliados de Teotihuacán empezaron a desviar su comercio hacia otras civilizaciones que estaban aumentando su poder. Las ciudades mayas conquistadas se liberaron del dominio de Teotihuacán y se hicieron autónomas. Las ciudades rivales obstaculizaban los viajes de los teotihuacanos por sus territorios. Al romperse el comercio, Teotihuacán no podía obtener las materias primas que necesitaba para sus artesanos, ni podía vender sus productos a un mercado tan grande. Hassig cree que esta ruptura del comercio provocó un declive económico y malestar entre su población.[i]

Otra teoría del colapso de Teotihuacán es la hambruna causada por las prolongadas sequías debidas al peor periodo de enfriamiento global de los últimos dos milenios. El cambio climático en el hemisferio norte comenzó en el año 536 d. C., y su fase crítica duró dos o tres años. Sin embargo, las prolongadas temperaturas más frías envolvieron el globo durante un siglo o más. Curiosamente, esto ocurrió poco antes de que estallaran los disturbios en Teotihuacán. ¿Estaban ambos fenómenos interrelacionados?

En un principio, los científicos pensaron que la erupción volcánica de Ilopango, en El Salvador, fue la causante del cambio climático global. La explosión fue cincuenta veces más fuerte que la del Monte St. Helens en 1980 y dejó depósitos de ceniza que cubrían setenta y siete mil millas cuadradas. Habría acabado con toda la vida en la región circundante. Sin embargo, un análisis reciente de los anillos de los árboles de la zona y de los núcleos de hielo de Groenlandia ha retrasado la fecha de la erupción de Ilopango hasta el año 431 de nuestra era. Los científicos siguen creyendo que una erupción volcánica *en algún lugar* causó el enfriamiento global, aunque los meteoritos o fragmentos de cometas podrían haber sido los responsables.

Mesoamérica no sufrió las pandemias que diezmaron las poblaciones europeas y asiáticas en esta época. Sin embargo, las evidencias arqueológicas indican un alto índice de nacimientos de niños muertos, muertes de recién nacidos y mortalidad infantil en las clases bajas de

---

[i] Ross Hassig, *War and Society in Ancient Mesoamerica* (Berkeley: University of California Press, 1992), 82-89.

Teotihuacán entre los años 500 y 650 d. C. De los 166 esqueletos exhumados de las tumbas de un complejo de apartamentos en un barrio pobre de artesanos, 52 eran bebés que nacieron muertos o murieron inmediatamente después de nacer. Los análisis mostraron que los fetos dejaron de crecer en el último mes de embarazo. Probablemente, las madres no comían lo suficiente para mantener un embarazo sano en las últimas etapas.[i] Sólo el 38% de los niños nacidos en esta época sobrevivían hasta la adolescencia, y pocos adultos pasaban de los cuarenta y cinco años.[ii]

El enfriamiento global afectó a la cosecha, que podría haber sumido a Teotihuacán en la hambruna. La región es semiárida, y alimentar a una ciudad con una población de entre 125.000 y 200.000 habitantes era una empresa colosal. Incluso una minúscula reducción de las precipitaciones habría mermado la producción agrícola, reduciendo drásticamente los alimentos disponibles. Una sequía real y la consiguiente pérdida de cosechas habrían llevado a la ciudad a la inanición.

Los geocientíficos Michael Lachniet y Juan Pablo Bernal-Uruchurtu analizaron las precipitaciones en la cuenca de México desde hace dos milenios, utilizando una estalagmita del suroeste de México. Las variaciones en los isótopos de oxígeno guardan una estrecha relación con las precipitaciones, y los investigadores descubrieron variaciones significativas en la fuerza de los monzones en Mesoamérica. Compararon su reconstrucción de las precipitaciones con los cambios sociales en Teotihuacán. Los investigadores descubrieron graves sequías debidas al debilitamiento de los monzones en Mesoamérica en torno al año 750 de nuestra era. Sin embargo, hasta ese momento se había producido una tendencia a la sequía que duró siglos.[iii]

Teotihuacán se encuentra a 2.500 metros sobre el nivel del mar, en las frías y semiáridas tierras altas de la cuenca de México. El río San Juan

---

[i] Rebecca Storey, "Perinatal Mortality at Pre-Columbian Teotihuacan", *American Journal of Biological Anthropology*. 69, no. 4 (April 1986): 541-548.

[ii] Rebecca Storey, "An Estimate of Mortality in a Pre-Columbian Urban Population", *American Anthropologist* 87, no. 3 (1985): 519–35. http://www.jstor.org/stable/678874.

[iii] Matthew S. Lachniet and Juan Pablo Bernal-Uruchurtu, "AD 550–600 Collapse at Teotihuacan: Testing Climatic Forcing from a 2400-Year Mesoamerican Rainfall Reconstruction", in Harvey Weiss (ed.), *Megadrought and Collapse: From Early Agriculture to Angkor* (New York, Oxford Academic, 2017), 183. https://doi.org/10.1093/oso/9780199329199.003.0006, accessed 17 Nov. 2022.

pasaba directamente por la ciudad (a través de canales construidos por los teotihuacanos) y el río San Lorenzo estaba cerca. Ambos ríos fluían hacia el sur y desembocaban en el lago Texcoco. La ciudad dependía en gran medida de la recolección de las lluvias y del sistema fluvial, que alimentaba sus canales de riego, suministrando agua potable e irrigando sus campos de maíz. Si las precipitaciones eran escasas, el acuífero que sustentaba los ríos no se reponía.

Una oscilación meridional de El Niño, influida por el calentamiento de las temperaturas oceánicas en el hemisferio sur, provocó este periodo de disminución de las precipitaciones. Teotihuacán no tenía ningún lago cercano como fuente de agua; dependía totalmente de los ríos alimentados por manantiales y de la lluvia. Si los agricultores no podían cultivar suficiente maíz, la población pasaría hambre. La escasez de alimentos debida a décadas de disminución de las precipitaciones podría haber precipitado la revuelta interna en torno al año 550 de la era cristiana.

La desestabilización del gobierno habría afectado al mantenimiento de los canales y a la distribución de víveres, magnificando el problema de la escasez de alimentos. Como una hilera de fichas de dominó que se derriban unas a otras, la ciudad habría ido rápidamente cuesta abajo a medida que un factor influía en otro. La falta de una alimentación adecuada habría provocado más mortinatos y una elevada mortalidad infantil. La población habría sido incapaz de mantener su número. Sin duda, muchos de los teotihuacanos abandonaron la ciudad, emigrando a regiones más prometedoras, como el sur del lago de Texcoco, donde estaban surgiendo nuevos asentamientos.

Teotihuacán atravesó a duras penas su último siglo de existencia, con una población menguante y un gobierno en ruinas. A medida que se debilitaba, otras ciudades del sur se alzaban con el poder: Cholula y Cacaxtla, en la región de Pueblo, y Xochicalco, en la zona de Morelos. Es posible que estas ciudades se aliaran para hacerse con el monopolio del comercio mesoamericano, debilitando aún más a Teotihuacán. Al noreste de Teotihuacán, la pequeña ciudad de Tollan (Tula), una colonia teotihuacana, comenzó a crecer, quizá debido a los emigrantes procedentes de Teotihuacán. Los toltecas entraron en la región poco después, convirtiendo Tollan en su capital.

Lo más probable es que una combinación de factores interconectados provocara el descarrilamiento de la sociedad y el sistema administrativo de Teotihuacán, allanando el camino para su colapso final. Es improbable que un único fenómeno empujara a la poderosa metrópoli hacia el olvido. La sequía, la escasez de alimentos, la creciente competencia de otras ciudades y las tensiones económicas y sociales que desembocaron en una revuelta de clases probablemente desempeñaron papeles interrelacionados en la desaparición de la ciudad.

SEGUNDA PARTE:
VIDA SOCIAL Y POBLACIÓN

Capítulo 4: Estructura de la ciudad

Kunhejw permaneció de pie en la cresta de la montaña con su hermano, Bllinh Yixe, con la boca abierta de asombro mientras contemplaba la enorme ciudad de Teotihuacán. Una pirámide asombrosamente alta se alzaba en el centro de la ciudad, con dos pirámides más pequeñas en los extremos norte y sur de un amplio bulevar. Varios años antes, Bllinh Yixe había abandonado la ciudad zapoteca de Dani Baán. Viajó hacia el norte, a Teotihuacán, en busca de empleo por su experiencia en la fabricación de cerámica de loza gris. Recientemente había regresado a Oaxaca y reclutado a su hermano para que se uniera a él.

"¡Allí, al oeste! Ese es el Barrio de Oaxaca. Ahí es donde viviremos. Pero antes, déjame enseñarte la avenida principal".

Los hombres descendieron a las afueras de la ciudad desde el sur, acercándose a la avenida principal de tres millas que corría hacia el norte, dividiendo la ciudad. Abrumado por la majestuosidad de sus enormes monumentos, Kunhejw sintió que la ancha calle lo empujaba hacia adelante para explorar nuevas maravillas. La avenida atrajo su mirada hacia el imponente volcán extinguido hace mucho tiempo, al norte. Se volvió hacia los exquisitos templos a cada lado del bulevar, sintiéndose como un conejo ridículamente pequeño a su sombra.

"Esta avenida principal es el núcleo de la ciudad, donde tiene lugar la mayor parte del comercio con otras ciudades". Bllinh Yixe señaló los templos y sus altares, de los que salía humo. "También es donde se encuentran la mayoría de los grandes templos. Los teotihuacanos veneran a algunos de los mismos dioses que nosotros, aunque utilizan nombres diferentes. También tienen algunos propios. ¿Ves todos esos palacios? Ahí es donde tienen lugar los negocios y el gobierno".

Kunhejw y Bllinh Yixe subieron por la avenida junto a un grupo de comerciantes que entraban en la ciudad con enormes mochilas a la espalda. A su derecha se acercaban a las formidables murallas del complejo de Ciudadela, rodeadas de templos. Bllinh Yixe guió a Kunhejw fuera del bulevar principal hasta una gran escalinata que conducía a la Ciudadela. En lo alto de la muralla, contemplaron una enorme plaza.

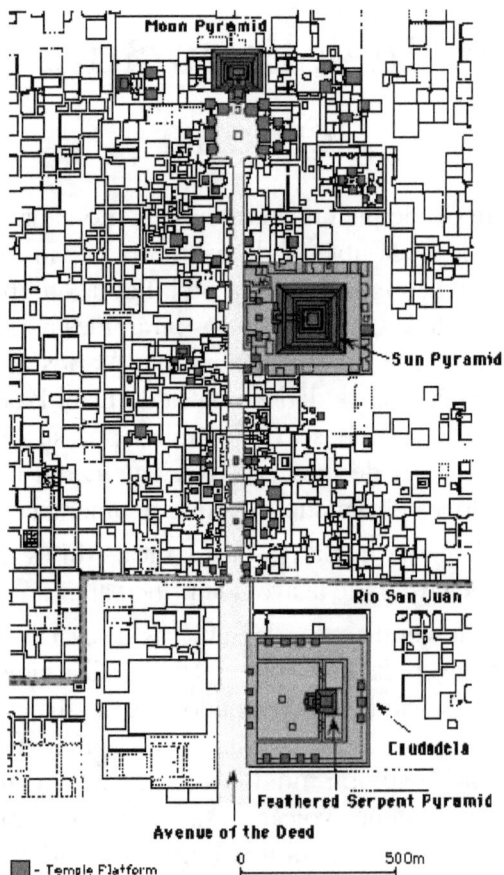

Teotihuacan: Reconstruction of Cetral Zone

Drawing by Mike Ritchie and Kumiko Sugiyama
after Millon 1973, Millon, Drewitt, and Cowgill 1973

Diseño de Teotihucán[10]

"¡Dicen que toda la ciudad puede caber en esta plaza!" exclamó Bllinh Yixe. Señaló una impresionante pirámide con elaboradas esculturas de piedra de cabezas de serpiente que adornaban cada nivel. "¡Mira! Es la Pirámide de la Serpiente Emplumada. Los principales templos están a lo largo de esta avenida principal, pero los barrios también tienen templos".

Luego de contemplar la impresionante vista, los hombres se dispusieron a bajar los escalones de vuelta a la avenida. En el lado opuesto de la calle había otro recinto cerrado donde los vendedores exhibían sus mercancías. Desde su privilegiada posición en lo alto de la escalinata, podían ver una prominente avenida que se extendía hacia el oeste desde el recinto.

"Es la avenida Oeste. La tomaremos más tarde para llegar a Tlailotlacan, el Barrio de Oaxaca, donde vivimos. La Avenida Oriente está detrás de nosotros, al otro lado de este templo".

Los hombres bajaron los escalones y continuaron su camino hacia el norte por el bulevar, cruzando un puente sobre un gran canal de piedra.

"Ése es el río. Lo desviaron con canales que atraviesan la ciudad".

Siguieron caminando hacia el norte, hacia la pirámide más alta que se alzaba sobre la avenida a su derecha. De vez en cuando, unas estructuras arquitectónicas empotradas en la calle interrumpían su camino. Subieron unas escaleras hasta una amplia plataforma y descendieron a un gran patio. En algunos de estos patios había un templo u otra estructura. La avenida del extremo norte de cada patio era más alta que la del extremo sur, por lo que los hombres ascendían gradualmente.[i]

Los hombres continuaron por la avenida, rodeada de altos muros a ambos lados. De vez en cuando, unas escaleras subían por los muros de ambos lados y conducían a palacios y templos. Finalmente llegaron ante la gran Pirámide del Sol, cercada por muros con otra gran escalinata. "¡La gente viaja durante semanas sólo para ver esta pirámide!". se jactó Bllinh Yixe. "Adoran al dios de la tormenta, algo así como nuestro Cocijo".

Su última parada fue el punto focal en el extremo norte de la avenida, donde la Pirámide de la Luna se erguía frente al imponente volcán, al que reflejaba. A medida que se acercaban, pudieron ver los numerosos templos que la rodeaban y las empinadas escaleras que ascendían por la

---

[i] Headrick, *The Teotihuacan Trinity.*

ladera de la pirámide. De un enorme altar frente a la pirámide salía humo.

Esta maqueta de la Avenida de los Muertos muestra la Pirámide del Sol a la derecha y la Pirámide de la Luna al final del bulevar (parte superior de la foto)"

"Aquí veneran a la diosa. Este es su templo".

"¿Qué diosa?" preguntó Kunhejw.

"La Gran Diosa", respondió su hermano. "La diosa de la creación, la tierra, la fertilidad y el agua".

"¿Qué sacrificios le ofrecen?"» preguntó Kunhejw.

"Oh, incienso, estatuillas de obsidiana, jaguares, serpientes, pájaros, ese tipo de cosas".

"¿Gente? ¿Sacrifican personas?" preguntó Kunhejw con preocupación.

"Bueno, sí, ¿no lo hace todo el mundo? Pero eso no es nada de lo que debas preocuparte".

"¿Y por qué no? Supongo que los emigrantes como nosotros seríamos víctimas propicias para el sacrificio".

"Bueno, con nuestra fina artesanía, ¡somos demasiado valiosos para sacrificarnos! Basta de hablar de eso. ¡Vamos a explorar los barrios! Te enseñaré dónde vivimos. Tenemos que volver al extremo sur de la avenida".

Un mural en el barrio de Tetitla que se cree que es la Gran Diosa[12]

Tras volver sobre sus pasos, Bllinh Yixe condujo a Kunhejw fuera de la avenida principal hacia la Avenida Oeste, pasando junto a los grandes palacios y templos. Al cabo de un kilómetro y medio, la calle se dividía en dos carriles más pequeños que serpenteaban por los barrios. Bllinh Yixe guió a Kunhejw hacia la izquierda.

"Este es el barrio de Teopancazco. Aquí vive mucha gente del mar oriental. Fabrican redes y ropa y tienen mucho comercio con la costa. Aquí siempre se puede encontrar marisco. Nuestro barrio de Oaxaca está justo al oeste de éste. Estamos en las afueras de la ciudad".

Kunhejw inspeccionó los edificios por los que pasaban. Los muros estaban construidos con escombros y hormigón y enlucidos con cal.[i] Cada uno de los muros que bordeaban la calle parecía tener unos 60 metros de largo. "¡Parecen palacios!"

Bllinh Yixe se echó a reír. "Tenemos palacios para la nobleza, pero esos están cerca de la avenida principal. En el resto de la ciudad, estos grandes edificios albergan a varias familias. En cada complejo de

[i] Cowgill, *State and Society*, 137.

apartamentos viven al menos veinte personas, normalmente sesenta o más. En los más grandes viven unas cien personas. El nuestro tiene diez familias. Sesenta personas en total. Bueno, sesenta y una, ahora que estás aquí. Todos somos zapotecas. Me casé con una chica de mi propia comunidad".

"¡Estoy deseando conocerla! ¿Cuántos de estos complejos de apartamentos hay?".

"¡Dos mil! ¿Te lo imaginas? Los construyeron después de las pirámides. Tenemos quince complejos zapotecas.[i] Y aquí estamos, en Tlailotlacan, el Barrio de Oaxaca".

Bllinh Yixe señaló una calle en dirección oeste. "Esos son los talleres de nuestro distrito, ahí abajo, en las afueras de la ciudad. Producimos principalmente cerámica, sobre todo loza gris. Además, algunos artesanos tallan estatuas, urnas funerarias e imágenes de culto de los dioses. Los talleres están en las afueras de la ciudad, por lo que el humo de la cocción de la cerámica queda lejos de la zona residencial".

Siguieron paseando por un entramado de calles estrechas, serpenteando entre complejos de apartamentos de una sola planta rodeados de altos muros. Los vendedores exhibían verduras, fruta, pasteles de maíz, pescado fresco de río y gambas secas sobre mantas. El penetrante olor del marisco seco se mezclaba con el incienso que salía de los altares y los olores de la cocina en el interior de los complejos.

"¿Cómo haces para no perderte en esta ciudad?", preguntó Kunhejw. "Todos estos edificios parecen iguales".

"Te darás cuenta al cabo de un rato. En el centro, las calles van de norte a sur, de este a oeste. Aquí fuera, se curvan un poco".

Finalmente, llegaron a una puerta de madera que Bllinh Yixe abrió. "Este es nuestro recinto. Entremos".

Saliendo del laberinto de muros de mampostería al patio central, Kunhejw miró a su alrededor con deleite. Tres casas con porches delanteros que daban al gran patio eran un derroche de color. Estaban construidas con adoquines, pero las partes inferiores estaban cubiertas de murales pintados con colores brillantes. El patio estaba abierto al

---

[i] Maria Teresa Palomares Rodriguez, *The Oaxaca Barrio in Teotihuacan: Mortuary Customs and Ethnicity in Mesoamerica's Greatest Metropolis* (Carbondale: Southern Illinois University, 2013), 24.

cielo y había una gran pila para recoger el agua de lluvia.

Esta casa restaurada del barrio de Teotihuacán presenta un muro de mampostería de piedra con brillantes murales rojos, verdes y dorados en la mitad inferior enlucida.[13]

Bllinh Yixe señaló la alcantarilla. "Esta alcantarilla tiene tuberías subterráneas que van a parar a un sistema de alcantarillado que discurre por la calle. Vaciamos los orinales en el alcantarillado, y la lluvia que entra por las tuberías lo desecha. Funciona muy bien siempre que llueve. Durante la estación seca, huele mal".

Macetas de tomates, calabazas y flores brillantes recibían los rayos del sol. Los niños correteaban alegremente mientras varias mujeres chismorreaban aporreando maíz. En medio del patio había un altar. Kunhejw se acercó para inspeccionar la deidad.

"¿Es Cocijo?", preguntó.

"Sí, nuestro dios zapoteca de la lluvia y el rayo".

Kunhejw se fijó en una plataforma de piedra detrás del altar, que se elevaba unos 60 centímetros por encima de los adoquines del patio. "¿Qué es eso?".

"Es una tumba. Aquí hay otras, pero están bajo tierra, debajo de los adoquines. Esta tiene un honor especial; era la esposa del líder de nuestro recinto. Era la madre de cinco hijos, pero también la madre de todos nosotros. La mayoría de nosotros hemos dejado atrás a nuestras familias".

Bllinh Yixe rodeó los hombros de su hermano con el brazo. "¡Me alegro mucho de que estés aquí! Es bueno tener a la familia cerca".

Señaló la tumba. "Cuando su marido o sus hijos mueran, los enterrarán con ella. Sacarán su esqueleto, pintarán los huesos con ocre rojo y los enterrarán con su familiar".[i]

"¡Como hacemos en casa!", comentó Kunhejw mientras su hermano asentía.

Dos casas más pequeñas y una grande bordeaban el patio central. "Hay tres casas más detrás de éstas y varios patios más pequeños", explicó Bllinh Yixe. "Una de las casas tiene varias habitaciones; es para una familia más grande. La mayoría de las casas tienen dos o tres habitaciones. Luego hay varios edificios de una habitación alrededor del recinto; son para los solteros o el almacén".

Bllinh Yixe guió a su hermano hacia el lado derecho del patio y bajó por un sendero que bordeaba el muro exterior del recinto. Salieron a un patio más pequeño. Las paredes de estas casas estaban pintadas de rojo vivo. Se acercaron a una casa más pequeña en la esquina, con macetas de chiles y tomates delante. Una joven estaba en cuclillas en el porche, cortando pimientos mientras su bebé se balanceaba en una hamaca a su lado. Al ver a los hombres, se levanta con una sonrisa.

"Esta es mi mujer, mi pajarito, Pxise". Bllinh Yixe acunó el rostro de su esposa con las manos. "¡Y aquí está mi águila!". Metió la mano en la hamaca y balanceó a su hijo en el aire mientras el bebé chillaba de alegría. "¡Este es Bsia!".

"¡Qué niño más guapo!", exclamó Kunhejw riendo.

Se volvió hacia su cuñada y se saludaron con una reverencia. Pxise sirvió rápidamente agua de una gran urna en tazas de cerámica y se las dio a los hombres, que bebieron agradecidos.

"¡Descansen! Deben de estar hambrientos. Pronto tendré la comida lista".

Pxise bullía en torno al fuego de un brasero, removiendo una cazuela de barro con alubias y los pimientos que acababa de picar. Rápidamente dio palmaditas a la masa de maíz para hacer tortillas y las volteó en una

---

[i] Rodriguez, *The Oaxaca Barrio*, 47.

plancha. En unos minutos, guió a los hombres al interior. Kunhejw miró la gran habitación que daba a otra más pequeña. No había ventanas; el sol que entraba por la puerta iluminaba la habitación.

Kunhejw miró el suelo de losas de piedra cubiertas de yeso. Una gran estera yacía en medio de la habitación. "¡Un suelo de yeso! En casa sólo tenemos tierra machacada. Esto es mucho más bonito".

Pxise colocó una olla de alubias y chiles junto a un plato de tortillas en el centro del felpudo. Todos se sentaron con las piernas cruzadas alrededor de la comida, paladeando hambrientos las alubias con sus tortillas.

Mientras Kunhejw, Pxise y Bllinh Yixe consumían su modesta comida en un típico complejo de apartamentos, otros residentes de Teotihuacán se sentaban a degustar platos más elaborados. La vida era diferente en los múltiples palacios donde vivían las élites y en los templos situados a lo largo de la avenida principal. Los aztecas llamaban a este bulevar principal la Avenida de los Muertos, suponiendo que las pirámides eran tumbas de grandes reyes. Puede que lo fueran, aunque no se han encontrado pruebas de grandes tumbas reales. Pero los recintos de los templos eran hogares para los vivos, con viviendas para los que cuidaban los santuarios y desempeñaban tareas sacerdotales.

La ciudad también contaba con palacios con funciones cívicas y viviendas para los dirigentes de élite. El complejo de Xalla era la sede del poder, situado al oeste de la Avenida de los Muertos, entre la Pirámide del Sol y la Pirámide de la Luna. Con una superficie de unos 600.000 metros cuadrados, sus muros dobles de tres metros de ancho rodeaban los veintinueve edificios del palacio. Además de las viviendas de la realeza, el palacio contaba con zonas administrativas, santuarios religiosos, un tesoro, un sector de artesanos y viviendas para el personal doméstico.

El recinto de Xalla tenía una plaza religiosa central dividida en cuatro secciones, cada una con una pequeña pirámide que rodeaba el templo principal de la plaza. Manzanilla especuló con la posibilidad de que las cuatro secciones representaran a cuatro co-gobernantes, cada uno de los cuales gobernaba uno de los cuatro barrios de Teotihuacán, que estarían divididos por la Avenida de los Muertos y las Avenidas Este y Oeste. Muchos de los muros y escaleras estaban pintados de rojo o tenían bordes rojos. El templo situado en el centro de la plaza religiosa central era como las capas de una cebolla, con cinco fases de reconstrucción, cada una de las cuales abarcaba la estructura original. Pintura negra, azul, verde, naranja y roja adornaban el interior.

La pirámide norte estaba dedicada al dios del fuego, la este al dios de la tormenta, la sur al dios de la montaña y la este a la diosa del agua. La pirámide oriental presentaba una arquitectura talud-tablero pintada de rojo y un mosaico de piedra con jaguares, flores y enredaderas. Una serie de patios, pórticos y habitaciones se extendían desde la plataforma oriental con una arquitectura distinta, lo que sugiere que el sacerdocio o la realeza relacionados con el dios de la tormenta podían pertenecer a una etnia distinta a la de los teotihuacanos dominantes.

El complejo de Xalla corrió la misma suerte que otros edificios administrativos y religiosos de la Avenida de los Muertos durante una revuelta del pueblo contra sus gobernantes. Según la datación por radiocarbono y arqueomagnética, Manzanilla informa de que un gran incendio destruyó los edificios en torno al año 550 de nuestra era. Su equipo encontró fragmentos de una imagen destrozada del culto al dios del fuego, lo que sugiere no sólo una revuelta política, sino también religiosa.[i]

El Palacio de Quetzalpapálotl, parcialmente restaurado [14]

[i] Robb, *Teotihuacan: City of Water*, 118.

El recinto de Ciudadela, que albergaba el Templo de la Serpiente Emplumada, tenía viviendas templo al norte y al sur de la pirámide. Estos recintos amurallados también aparecían en el Palacio de los Jaguares de la Pirámide de la Luna, el Palacio de Quetzalpapálotl y la Pirámide del Sol. Filas de habitaciones individuales con deslumbrantes murales se abrían a un patio central. Los pórticos conectaban los espacios residenciales con la plaza principal.

El Palacio de Quetzalpapálotl, al sur de la Pirámide de la Luna, también recibe el nombre de "palacio de las mariposas" porque tiene numerosos relieves en sus paredes con forma de alas de mariposa. Los murales de las paredes muestran jaguares que soplan caracolas y agua que gotea del pico de pájaros verdes. En realidad, hay dos palacios; el primero fue construido hacia el año 250 d. C. y luego fue cubierto por un nuevo palacio construido hacia el 450 d. C.

Teotihuacán abarcaba ocho millas cuadradas en una cuadrícula exacta orientada 15,5 grados al este del norte verdadero. Se adelantó siglos a su tiempo con su precisa planificación urbana y sus complejos de viviendas relativamente igualitarios, en los que vivía aproximadamente el 90% de la población. En 2021, Nawa Sugiyama y su equipo utilizaron la tecnología de cartografía láser lidar para analizar las partes de la gran ciudad que aún yacen bajo tierra.

Quedaron asombrados al descubrir que los constructores de Teotihuacán excavaban hasta el lecho rocoso y a veces incluso más allá, utilizando la roca madre para nivelar zonas y para materiales de construcción. Muchos edificios modernos y campos de cultivo siguen los mismos patrones que la antigua ciudad sobre la que se asientan.[i] Los restos de los monumentos centrales de Teotihuacán son sobrecogedores, pero aún lo son más cuando uno se da cuenta de que los rodeaban complejos de apartamentos para al menos 125.000 personas. La calidad de vida relativamente alta de la ciudad, demostrada por las viviendas y los artículos de lujo importados, no tenía parangón en Mesoamérica.

---

[i] University of California – Riverside, "Modern Activities Follow the Contours of Ancient Teotihuacan: Lidar Mapping Study Reveals Vast Landscape Modifications That Still Influence Construction and Farming", *ScienceDaily*, September 20, 2021. www.sciencedaily.com/releases/2021/09/210920173156.htm.

Capítulo 5: Arte y artesanías

En general, las obras de arte provocan una respuesta emocional en el espectador. Puede provocar sentimientos como miedo, asombro, ternura, tristeza, humor, ira o serenidad. Las obras de arte también nos permiten conocer mejor a los artistas: su personalidad, su estado de ánimo y su visión de la vida. Lo curioso del arte de Teotihuacán es que la mayor parte de él ni provoca emociones ni nos dice mucho sobre los artistas.

La historiadora del arte Esther Pasztory describió el arte de la ciudad como "remoto e impersonal" y señaló que en sus obras no se glorificaba a individuos concretos, como los reyes. Especuló que uno de los valores fundamentales de Teotihuacán era una comunidad integrada e igualitaria, por lo que su arte representaba a la naturaleza y a deidades, como la Gran Diosa, y no a personas concretas.[i] El arqueólogo George Cowgill coincidió en que el arte de Teotihuacán revelaba aspectos de su sociedad:

"Los seres humanos sólo se muestran subordinados a las deidades, no a otros seres humanos. Esto tiene implicaciones sobre el sistema político, o sobre cómo se representaba el sistema, pero también sugiere algo sobre la socialización de los niños y sobre los rasgos de carácter preferidos".[ii]

---

[i] Esther Pasztory, *Teotihuacan: An Experiment in Living* (Norman: University of Oklahoma Press, 1997), xv-xvi.

[ii] Cowgill, "State and Society", 136.

Los artistas de Teotihuacán representaban a los humanos como seres intrascendentes. Sus acciones y su participación en las ceremonias eran más significativas. Las obras de arte de Teotihuacán utilizaban imágenes de la misma persona, animal o escenas una y otra vez, como diseños sobre papel pintado. Por ejemplo, la escultura repetida de una cabeza de serpiente rodeada de plumas aparece en hileras en cada nivel ascendente de la Pirámide de la Serpiente Emplumada. Aunque son repetitivas, las feroces cabezas de serpiente son raros ejemplos del arte de Teotihuacán que evocan las sensaciones de dominio y peligro desenfrenados. Pasztory señaló que, dada la naturaleza repetitiva del arte de Teotihuacán impregnaba los barrios, es posible que se exigiera a la gente que siguiera un patrón concreto para reflejar su identidad compartida.[i]

Los guerreros coyotes de este mural del Palacio de Atetelco parecen todos idénticos. Los símbolos en forma de gancho cerca de sus bocas son pergaminos para hablar [15]

En la mayor parte del arte de Teotihuacán, la gente parece rígida y sin emociones, con los rostros y los cuerpos oscurecidos por máscaras, trajes elaborados y ricos ornamentos. Los mayas, los olmecas y otros mesoamericanos solían retratar a los seres humanos con realismo. Pero muchas imágenes de Teotihuacán eran peculiares, pues representaban a los humanos de forma caricaturesca, todo cabeza y torso fornido, sostenidos por piernas cortas y sin rodillas, casi como patos.

---

[i] Pasztory, *Teotihuacan: An Experiment in Living*, xv.

Este mural de Teotihuacán representa a un sacerdote con una elaborada máscara de cabeza de cocodrilo y un tocado de plumas. Los dos diseños en forma de paisaje que salen de su mano son volutas de habla. Las conchas y otros diseños de los rollos pueden representar sonidos, palabras o el tipo de sonido, como soplar una caracola. Sostiene un incensario en la mano derecha y de la izquierda mana una ofrenda de pétalos de flores[16]

Puede que los aztecas pensaran que la creación empezó en Teotihuacán porque la ciudad parecía no tener historia; nunca registró su historia en sus monumentos, obras de arte o escritos. Pasztory señaló que su arquitectura y su arte se centraban en los mitos primordiales de la creación. Los recintos vecinales, la planificación urbana, los murales y las esculturas indican una organización impersonal. Teotihuacán es única con respecto a otras civilizaciones mesoamericanas en el sentido de que su arte celebraba la identidad compartida del pueblo, aunque fuera étnicamente diverso. Se centraba en la población colectiva más que en reyes o etnias individuales.

La cerámica de Teotihuacán era a la vez práctica y ornamental. Los alfareros fabricaban ollas de barro, recipientes para el agua y vajillas de uso cotidiano, pero también elaboraban exquisitas cerámicas para los templos y las tumbas y para decorar los palacios. Los alfareros fabricaban vasijas enrollando la arcilla y utilizando moldes. Enrollaban la arcilla en tiras largas y luego presionaban los extremos para formar un círculo. Colocaban una encima de otra para construir una vasija. Los alfareros de Teotihuacán solían utilizar moldes con más frecuencia que rodillos de barro, con lo que producían varias piezas idénticas. La arcilla podía prensarse dentro o encima de un molde. A veces, varios moldes formaban partes de un todo que los alfareros prensaban.

Curiosamente, los teotihuacanos nunca desarrollaron un torno de alfarero ni ninguna rueda utilitaria, como los carros con ruedas. Pero sí ¡tenían juguetes de cerámica con ruedas! Aunque los arqueólogos no han encontrado pruebas de la existencia de carros con ruedas para transportar toda la piedra necesaria para construir las gigantescas pirámides, sí han descubierto dos figuritas en miniatura con ruedas. Los artesanos pasaron un eje a través de los agujeros o lazos de las patas delanteras y traseras del animal de cerámica y fijaron ruedas a cada eje. Tanto si eran juguetes para niños como si tenían algún uso ceremonial, cabe preguntarse por qué no aplicaron la misma tecnología para aliviar su agotador trabajo.

Los arqueólogos encontraron estatuillas de cerámica con ruedas como ésta en Teotihuacán [17]

A medida que los arqueólogos trabajaban a través de las capas de más de un milenio de asentamientos humanos, descubrieron cambios en la cerámica de Teotihuacán. La forma, las técnicas de fabricación, las materias primas y los estilos de la cerámica se fueron transformando con el paso del tiempo, en parte debido a la llegada de nuevos grupos étnicos a la ciudad. Así, los antropólogos se refieren a las distintas fases de la historia de Teotihuacán por el tipo de cerámica predominante en cada época.

El Barrio de Oaxaca fabricaba cerámica gris utilizando arena de cuarzo. La cerámica era gris y tenía una superficie sin pulir, generalmente sin pintar, pero a veces con un lavado rojizo o rosado. Estos cuencos, jarras, cántaros y cazos eran sobre todo de uso cotidiano. Otro tipo de cerámica era la loza naranja fina, delicada, ligera y de colores brillantes. Se producía en serie en Pueblo, al sur, y luego se importaba al distrito de Tlajinga, en Teotihuacán, donde artistas altamente especializados la pintaban. La Loza Naranja Fina era una loza fina reservada a menudo para los entierros. A pesar de la dificultad inherente al transporte de cerámica delicada sin bestias de carga, los teotihuacanos comerciaban con la loza naranja fina pintada por toda Mesoamérica.

El distrito meridional de Tlajinga también era famoso por la loza naranja de San Martín, que en su mayoría eran grandes vasijas de uso cotidiano para cocinar y almacenar. Otra cerámica característica eran los incensarios ornamentados en forma de reloj de arena fabricados con moldes y producidos en serie para uso de la ciudad y para el comercio exterior. Llevaban imágenes de deidades y se utilizaban en ceremonias y entierros. A veces, se rompían y los fragmentos se esparcían alrededor del cuerpo en una tumba.

Otro tipo de cerámica muy conocida en Teotihuacán era la vasija trípode. Los artesanos formaban estas vasijas con arcilla enrollada. Aunque estas vasijas se encuentran en otros lugares de México y Guatemala, este llamativo estilo es originario de Teotihuacán. Llegaron a otros lugares a través del comercio o quizá eran imitaciones de alfareros de otras regiones. Las vasijas trípodes se presentaban en diversos tamaños y colores y se encuentran principalmente en las tumbas de personajes aristocráticos.

Esta vasija trípode presenta un fresco del Dios de la Tormenta de ojos saltones [18]

En Teotihuacán abundan los murales pintados con gran brillantez. Pasztory describió las fascinantes pinturas murales que observó en su primera visita a la mastodóntica ciudad:

"Allá donde fui en aquella primera visita, vi restos de muros pintados... formados por rostros enigmáticos, manos que esparcían adornos de jade, animales como pájaros y tortugas, flores, plantas, gotas de agua y signos misteriosos. Los colores eran una resonante combinación de rojos, verdes, azules y amarillos. Las superficies eran duras, como un esmalte, debido quizá al pulido, y brillaban con diminutos trozos de mica incrustados en hematites especular de color rojo pintura. Que yo supiera, nadie sabía gran cosa de ellas".[i]

En la década de 1960, un arquitecto y coleccionista de arte llamado Harold Wagner quedó cautivado por las obras de arte de Teotihuacán; incluso compró una casa en México. Por medios dudosos, consiguió más de setenta murales de la antigua ciudad, que a su muerte legó al Museo de Young de San Francisco. La mayoría de los murales, fechados

---

[i] Pasztory, *Teotihuacan: An Experiment in Living*, 8.

entre los años 400 y 700 d. C., procedían de un gran complejo o palacio llamado Techinantitla, situado a pocos metros de la Pirámide de la Luna. Con unos 27.000 metros cuadrados, Techinantitla era uno de los recintos más grandes de la ciudad; su gran templo sugiere que pudo haber sido un centro de barrio. El resto de las piezas murales proceden de un recinto situado al sur de Techinantitla llamado Tlacuilapaxco.

Las piezas murales tenían hasta cinco pulgadas de grosor, con una base de ceniza volcánica mezclada con arcilla y cerámica triturada. Una fina capa de cal cubría la base y luego se pintaban frescos de deidades, serpientes emplumadas, pájaros, animales y árboles. Los murales han conservado sorprendentemente bien sus colores rojo, verde y dorado durante casi dos milenios y muestran detalles precisos. Algunos murales representan derramamientos de sangre y espantosos sacrificios de corazón, y la serpiente emplumada verde es una figura prominente.

Los murales tienden a ser bidimensionales, sin ilusión de profundidad. Las personas, los animales y el follaje parecen flotar en el espacio, como objetos recortados de un cuadro y pegados en una pared. Los teotihuacanos parecían desinteresados en lograr realismo en sus obras de arte, y la naturaleza abstracta de sus pinturas parecía intencionada. Pasztory creía que los teotihuacanos tenían la capacidad de representar imágenes realistas, y ocasionalmente lo hacían, como con el mural de la Montaña de la Abundancia. Pero preferían utilizar un arte más abstracto, probablemente para proyectar un mensaje.

Pasztory teorizó que las imágenes repetitivas y despersonalizadas podrían haber elevado visualmente un todo cohesionado por encima del individualismo distintivo. Teotihuacán era una ciudad cosmopolita, con numerosas etnias representadas en su población. En lugar de centrarse en sus diferencias, las obras de arte de la ciudad representaban una ideología colectiva mediante imágenes casi idénticas.[i]

Glorificar el todo colectivo por encima del individualismo recuerda a la China de la era Mao, cuando todo el mundo vestía la misma chaqueta y los mismos pantalones grises o azul apagado de Mao. Pasztory, cuya propia familia huyó de Hungría tras las revoluciones anticomunistas, opinaba que Teotihuacán era un experimento social en el que formar

---

[i] Esther Pasztory, "Still Invisible: The Problem of the Aesthetics of Abstraction for Pre-Columbian Art and Its Implications for Other Cultures", *Anthropology and Aesthetics* 104 (1990-1991): 19-20. https://doi.org/10.1086/RESvn1ms20166829

parte del grupo reportaba beneficios compartidos. Los campesinos tenían el mismo estatus que los guerreros y los gobernantes. Todos vivían en viviendas similares con vistas a la Pirámide del Sol, trabajaban para el Estado y prosperaban a medida que éste prosperaba. Las obras de arte reflejaban los ideales sociopolíticos de la ciudad.

El extraordinario mural del Arroyo de la Montaña, en el barrio de Tepantitla, se aparta de la habitual representación abstracta, repetitiva e impersonal de los seres humanos. En este brillante mural carmesí, también conocido como la Montaña de la Abundancia, los humanos se distinguen unos de otros y son realistas en su forma (aunque no en el color de la piel). Las personas están pintadas con tres colores de piel: amarillo, azul y rojo. Tal vez esta variación de color signifique rango social o etnia, pero se ven como si fueran relativamente iguales. Una persona tiene el cuerpo rojo y la cara azul. Llevan taparrabos o faldas y parecen participar activamente en juegos y actividades cotidianas. Un hombre amarillo lleva a caballito a una persona azul más pequeña, mientras cuatro individuos forman una cadena. Mientras los niños retozan, otras personas hablan, se señalan y recogen flores junto a un arroyo.

El intrincado mural de la Montaña de la Abundancia [19]

Los eruditos están en desacuerdo con lo que representa la escena de la montaña, especialmente con lo que ocurre en su interior. La montaña fluye con agua y peces, que desembocan en un río. Pero en la cima, un ser humano parece caer en las entrañas de la montaña. Algunos historiadores interpretan esto como que la montaña se está comiendo a los humanos, cuya sangre alimenta el arroyo que brota abajo. Creen que representa un tema mesoamericano común: el sacrificio humano trae vida y abundancia. Quizá los cuatro individuos unidos no sean niños juguetones, sino prisioneros encadenados camino de convertirse en víctimas de sacrificio.

Como el mural de la Montaña de la Abundancia se encuentra justo debajo de otro mural y ambos tienen un fondo carmesí, muchos estudiosos suponen que están relacionados. El mural superior representa a un gobernante o a una deidad, probablemente un dios, ya que tiene casi el doble de tamaño que las otras dos figuras. Se cree que el rostro de la figura central (o lo que algunos consideran parte de su tocado) es el pájaro quetzal, que no vivía en Teotihuacán, sino en las selvas tropicales del sur. La figura central podría ser el primer antepasado humano, pero la mayoría cree que es el dios de la tormenta o la Gran Diosa (Mujer Araña).

Este mural se encuentra justo encima del de la Montaña de la Abundancia. Algunos estudiosos creen que la deidad del centro es la Gran Diosa (Mujer Araña)[20]

A cada lado, frente a la deidad central, se encuentra un asistente, probablemente un sacerdote. Cada uno lleva un elaborado tocado casi tan alto como su cuerpo. Las tres figuras están ataviadas con joyas y plumas. Sobre la cabeza de la deidad crece un árbol del que cuelga una araña directamente sobre el tocado de la deidad. Bajo la divinidad hay una abertura en forma de cueva llena de semillas y maíz, y a derecha e izquierda de la cueva hay olas, con estrellas de mar y conchas que se arremolinan en el fondo del mural. De las manos de la diosa gotea agua sobre las olas.

Los antropólogos creían que Teotihuacán no tenía sistema de escritura, lo que parece extraño, dada la complejidad de los vastos complejos vecinales y los elaborados monumentos de la ciudad. ¿Cómo determinaron los constructores la geometría de la precisa alineación astronómica de la ciudad? ¿Cómo calcularon las dimensiones de las pirámides y se lo comunicaron a los constructores? ¿Cómo dirigieron una metrópolis con al menos 125.000 personas sin comunicación escrita?

En las últimas décadas, los investigadores se han dado cuenta de que las imágenes recurrentes de la cerámica y los murales eran en realidad jeroglíficos: imágenes que representan palabras, símbolos o sonidos. A diferencia de los jeroglíficos mayas, que pueden leerse en frases y ofrecen abundante información, los jeroglíficos de Teotihuacán suelen aparecer como símbolos individuales. Estos jeroglíficos aún no han sido descifrados, pero parecen representar sustantivos sueltos, quizá nombres de personas o fechas. Los mayas tallaban jeroglíficos en estelas de piedra (pilares) y los pintaban en cerámica. Registraron detalles sobre sus reyes, como las fechas de sus nacimientos y muertes y lo que consiguieron en sus reinados. Pero al parecer, los teotihuacanos sólo dejaron palabras sueltas.

Sin embargo, en el arte de Teotihuacán, las volutas del habla que emergen de la boca de las personas o de objetos que sostienen (como caracolas) pueden apuntar a una escritura más sofisticada. En Mesoamérica, las volutas del habla con forma de paisaje representaban los sonidos que emitía una persona, como el habla o el canto. También pueden representar el sonido de una caracola al soplar. A veces, los pergaminos describen el tipo de palabras pronunciadas; los cuchillos pueden expresar comentarios airados o insultantes, y las plumas, palabras suaves. En raras ocasiones, sobre todo en el caso de los aztecas, aparecen símbolos en otras partes de la obra de arte para indicar el contenido del discurso.

Todas las personas de esta sección del mural de Tepantitla tienen pergaminos para hablar. Los símbolos cercanos a las volutas, ¿representan palabras de un sistema de escritura más sofisticado de lo que se pensaba? [21]

El mural de la Montaña de la Abundancia, en el recinto de Tepantitla, tiene más de veinte pergaminos de discurso. En la sección más pequeña del mural, se pueden ver varios símbolos cerca de los rollos de discurso: mariposas, un símbolo parecido a una serpiente y un objeto que parece una concha de la que salen dos gusanos. Estos símbolos podrían representar palabras o conceptos.

Los temas repetitivos del agua, las montañas, los árboles en flor y las mariposas en el arte de Teotihuacán reflejan la visión del mundo de sus gentes. Algunos de estos temas se repiten en el arte de culturas mesoamericanas posteriores y otros siguen siendo distintivos de Teotihuacán. El arte de Teotihuacán se muestra en sus grandes y vívidos murales, cerámicas y diminutas figurillas. El arte de la ciudad parecía ser una forma de integrar a una población diversa y retratar temas religiosos y sociopolíticos comunes.

Capítulo 6: Vida comercial

Si visitas Teotihuacán hoy, la Avenida de los Muertos y las tres pirámides principales siguen siendo las protagonistas. Miles de turistas recorren tenazmente las ruinas, suben a la Pirámide del Sol y posan para hacerse selfies en la cima. Lo que quizá no sepan es que el pueblo adyacente y el paisaje rural que se extiende a su alrededor cubren los suburbios de la antigua ciudad. Bajo los montículos de hormigas de fuego y los nopales se encuentran los complejos residenciales y los talleres que en su momento impulsaron la lucrativa vida comercial de Teotihuacán.

Teotihuacán recibía un continuo flujo de emigrantes que venían a aprovecharse de su sólido sistema económico y del acceso a diversos recursos de toda Mesoamérica. Incluso los estratos más bajos de la sociedad disfrutaban de una vida relativamente buena, con viviendas estandarizadas y confortables, dotadas de patios y desagües. La innovación se disparó a medida que varios grupos étnicos se unían, compartiendo ideas, desarrollando nuevas técnicas artesanales y estimulando una economía bulliciosa.

El sistema económico de Teotihuacán se centraba en cinco actividades esenciales: los talleres de artesanos especializados, las importaciones y exportaciones comerciales, la extracción de minerales, la agricultura y los impuestos. Los artesanos necesitaban materias primas para su trabajo, por lo que extraían obsidiana e importaban otros artículos como gemas, conchas, telas y plumas. Los productos acabados de los talleres eran vendidos en la ciudad y exportados a regiones lejanas. Una población de 125.000 habitantes o más necesitaba comer, por lo que la agricultura de la zona rural que rodeaba Teotihuacán suministraba la mayor parte del maíz, las verduras y la carne que consumían los ciudadanos. El gobierno recaudaba impuestos, a veces en forma de trabajo o bienes, para mantener la infraestructura de la ciudad y a la clase dirigente.

Gran parte de la vida comercial de Teotihuacán giraba en torno a sus talleres, que producían obsidiana, cerámica, ropa, joyas y otros artículos. Algunos antropólogos estiman que la ciudad llegó a tener hasta cuatrocientos talleres sólo de obsidiana. Los antiguos mesoamericanos utilizaban hojas de cuchillo, puntas de lanza, abalorios y otros objetos elaborados con vidrio de obsidiana. Los habitantes del centro de México del periodo Clásico no utilizaban metales, por lo que la obsidiana volcánica era un valioso recurso para fabricar utensilios afilados.

La fuente de la mayor parte de la obsidiana utilizada en Teotihuacán para fabricar puntas de lanza, cuchillos y otros utensilios era la sierra de Otumba, a unos quince kilómetros al noreste. Sin embargo, las herramientas y armas fabricadas con obsidiana de Otumba estaban destinadas principalmente al uso local, no al comercio. Una obsidiana de mayor calidad procedía de Pachuca, a unos treinta kilómetros al norte. Allí se extraía la obsidiana verde, sello distintivo de la artesanía de Teotihuacán.

Esta punta de lanza u hoja de cuchillo de obsidiana fue fabricada en un taller de Teotihuacán[22]

La ciudad utilizaba grandes cantidades de utensilios de obsidiana verde de Pachuca, pero también comerciaba con este codiciado recurso por toda Mesoamérica. Aunque Teotihuacán era la principal fuente de obsidiana del centro de México, no era el único actor en la industria manufacturera y comercial de la obsidiana. Las pruebas arqueológicas demuestran que la ciudad tenía rivales en el negocio de la obsidiana que siguieron comerciando con este valioso recurso tras la caída de Teotihuacán. Los artesanos de la obsidiana de Tlajinga y otras partes de la ciudad trabajaban con un trozo de vidrio de obsidiana. Mediante un proceso de "tallado", desprendían capas para formar hojas afiladas como cuchillas. Los arqueólogos actuales analizan estos restos de obsidiana para conocer la economía de Teotihuacán a nivel local.

El Proyecto de Cartografía de 1960 recogió 230.000 piezas de vidrio de obsidiana volcánica en Teotihuacán. El arqueólogo de la Universidad de Boston David Carballo y sus colegas han desenterrado sistemáticamente varios complejos de apartamentos en Tlajinga, un distrito que abarca aproximadamente un kilómetro cuadrado. Mientras clasificaban y analizaban miles de fragmentos de cerámica y restos óseos, recogieron cerca de un millón de piezas de obsidiana, con un total de más de 900 libras.

Cuando Carballo y sus colaboradores analizaron la producción de obsidiana en el distrito de Tlajinga, se dieron cuenta de que no todos los talleres eran instituciones a gran escala gestionadas por el gobierno. Encontraron pruebas de la existencia de múltiples talleres a pequeña escala en hogares independientes. Los distintos niveles de calificación apuntaban a la formación de aprendices para la siguiente generación de jóvenes en los recintos. Los barrios, fuertemente comercializados, gozaban de amplias oportunidades para el intercambio comercial.[i]

El arqueólogo David Walton señaló: "Cuanto más excavamos en los hogares de Mesoamérica, más nos damos cuenta de que las economías domésticas son el motor que impulsa todo el sistema económico. Viene de abajo arriba".[ii]

Este sistema económico "de abajo arriba" se centraba en los complejos de apartamentos, donde sesenta o más personas,

---

[i] David M. Carballo, "The Social Organization of Craft Production and Interregional Exchange at Teotihuacan", in *Merchants, Markets, and Exchange in the Pre-Columbian World*, ed. Kenneth D. Hirth, 113 (Dumbarton Oaks Pre-Columbian Symposia and Colloquia, 2013). https://sites.bu.edu/patt-es/files/2014/10/Carballo2013_Merchants.pdf

[ii] Barbara Moran, "Lessons from Teo", *The Brink*, Boston University, 2015. https://www.bu.edu/articles/2015/archaeology-teotihuacan-mexico/.

emparentadas por parentesco o al menos por etnia, vivían en un entorno comunal. En estas economías a pequeña escala, los habitantes de los complejos probablemente se repartían las tareas entre ellos en aras de la eficiencia, lo que requería confianza y cooperación. Los dirigentes de la ciudad también promovían la idea de lo común más que la individualidad, creando un sentimiento de cohesión entre los diversos grupos étnicos que producían una gran variedad de bienes.[i]

Teotihuacán era un importante centro comercial para importaciones como el algodón y las plumas, al mismo tiempo que exportaba productos como objetos de obsidiana y cerámica a todo México y Centroamérica. David Carballo ha identificado cuatro productos comerciales principales que circulaban por Mesoamérica: cerámica, algodón, cal (el mineral) y obsidiana. Ha evaluado las posibles rutas comerciales y las actividades mercantiles de estas mercancías en su relación con Teotihuacán. Sin caballos ni mulas, los comerciantes transportaban sus mercancías a lomos. A sólo unas diez millas del lago Xaltocan, en el sistema lacustre de Texcoco, podían aprovechar los viajes en canoa alrededor de los lagos que lo conectaban.

Teotihuacán (a la derecha) estaba lo suficientemente cerca como para aprovechar el sistema lacustre para el comercio, aunque varias ciudades de este mapa aún no existían[23]

---

[i] Carballo, "Craft Production and Interregional Exchange", 116.

Podrían salir del valle de México por un paso de montaña que conduce al sureste, a la región de Puebla-Tlaxcala. Carballo llama a esta ruta el Corredor de Tlaxcala. Desde allí, los mercaderes tenían acceso a las costas veracruzanas del Golfo, la península de Yucatán, Guatemala, Belice y Honduras. Carballo también señala que el este del valle de México tenía fácil acceso a los recursos del norte de México.[i]

En el barrio de Tlajinga se fabricaba la loza naranja de San Martín, que era utilizada localmente y se convirtió en un popular producto de exportación. En otras zonas de la ciudad se fabricaban ollas de cerámica: jarras de barro con base gorda y cuello corto. Las mujeres las utilizaban para cocinar y almacenar agua, grano y alimentos secos. También utilizaban ollas sin vidriar para enfriar el agua. El agua se filtraba en la cerámica sin vidriar; al evaporarse en el exterior de la olla, enfriaba el agua del interior. Las ollas que los teotihuacanos vendían para el comercio solían estar bruñidas hasta alcanzar un brillo intenso, lo que ayudaba a impermeabilizarlas sin esmalte. Bruñían la cerámica frotándola con un objeto liso, como una piedra pulida.

Otra cerámica favorita utilizada localmente y también comercializada eran los platos de cazuela. Se trataba de ollas poco profundas, sin vidriar, fabricadas en grandes talleres y pequeñas tiendas repartidas por toda la ciudad. Las primeras formas de cazuelas eran en su mayoría bruñidas y se fabricaban localmente en talleres descentralizados. Más tarde, la loza naranja de San Martín, que a menudo se fabricaba en grandes talleres agrupados, dominó el comercio de cazuelas de Teotihuacán. La loza naranja de San Martín se fabricaba generalmente con moldes y se cocía a altas temperaturas.

Los trabajadores de la construcción utilizaban la piedra caliza para fabricar mortero para los proyectos de edificación. Los artistas de murales enlucían los laterales de los edificios con cal antes de pintar los murales. La cal también se utilizaba en el proceso de "nixtamalización", que consistía en preparar el maíz sumergiéndolo en agua de cal. Esto facilitaba el descascarillado y molido de los granos y permitía la formación de la masa. Los teotihuacanos utilizaban mucha cal, pero no era fácil conseguirla. Había que importar piedra caliza de la región del lago de Zumpango e Hidalgo, en el norte, o de Pueblo y Morelos, en el sur.

---

[i] Carballo, "Craft Production and Interregional Exchange", 115.

Se necesitaban miles de toneladas de cal para estucar las pirámides, templos, palacios y viviendas. La piedra caliza se reducía a cal viva en polvo quemándola en hornos, probablemente en la cantera de donde se extraía. Los ingenieros Luis Alberto Barba Pingarrón y José Luis Córdova Frunz calcularon que para transportar la cantidad de cal necesaria se necesitaban 140 porteadores que acarreaban la cal a la ciudad a diario, especialmente en el momento álgido de los proyectos de construcción. El análisis de la cal utilizada en Teotihuacán apunta a la región de Chingú, en el sur de Hidalgo, como la principal fuente de piedra caliza.[i]

El algodón se cultivaba y tejía en otras regiones de México, y después se transportaba a Teotihuacán para confeccionar prendas de vestir, sobre todo las de la élite, decoradas con gran esmero. En Teotihuacán no se cultivaba algodón, ya que esta planta requiere un entorno más húmedo; además, el espacio agrícola disponible en Teotihuacán se destinaba a la producción de alimentos. Morelos, al sur, proporcionaba las principales importaciones de algodón de Teotihuacán. Morelos también era una fuente esencial de aguacate y otras frutas que requerían un entorno más cálido.

Los trabajadores de la zona de Veracruz, en la costa del Golfo, poblaban el Barrio de los Mercaderes de Teotihuacán y confeccionaban la ropa de diario para la población con telas de algodón importadas. Probablemente, las mujeres cosían la ropa mientras los hombres se dedicaban al comercio a larga distancia entre Teotihuacán y Veracruz, que duraba unos diez días. El barrio de Teopancazco producía las prendas más elaboradas que vestían los sacerdotes y la élite.

Los talleres lapidarios que tallaban y pulían gemas producían impresionantes obras de arte que adornaban templos y tumbas y también se abrían paso a través de las rutas comerciales mesoamericanas. Al igual que otros talleres, los talladores de gemas recibían la mayoría de sus gemas sin tallar de otros lugares. Los arqueólogos han encontrado un barrio de lapidarios en la periferia oriental de Teotihuacán y numerosos pequeños talleres domésticos. Además de trabajar con piedras preciosas, también tallaban conchas marinas. Cowgill cree que el Estado o los templos patrocinaban la mayor parte del trabajo lapidario.

---

[i] Carballo, "Craft Production and Interregional Exchange", 125-6.

En la década de 2010, el arqueólogo Sergio Gómez comenzó a excavar un túnel recientemente descubierto bajo la Pirámide de la Serpiente Emplumada. Uno de sus interesantes hallazgos fue una esfera de ámbar del tamaño de una pelota de tenis, que podría haber contenido tabaco.[i] La principal fuente de ámbar de México es la región de Simojovel, en Chiapas, al sur de México, a unos ochocientos kilómetros de Teotihuacán. Los talleres lapidarios de Teotihuacán no trabajaban el ámbar, por lo que el comercio debió traer este tesoro a la ciudad. Las paredes del túnel bajo el Templo de la Serpiente Emplumada brillaban con pirita de hierro u oro de los tontos. Gómez y su equipo han desenterrado miles de cuentas, discos y otras piezas de pirita de hierro, que cree que los comerciantes pudieron importar de Honduras.

Esta pequeña estatuilla de Teotihuacán es de jadeíta, una forma rara y dura de jade[24]

El Proyecto de Cartografía de Teotihuacán, dirigido por René Millon, de la Universidad de Rochester, recogió más de ocho mil piezas de piedras preciosas, entre ellas serpentina y jadeíta. Los artesanos cosían

---

[i] Reuters, "Riches of Artifacts under Pyramid Reveals Ancient Mexican Culture", *Daily Sabah*

prendas de vestir y objetos decorativos con especímenes de conchas procedentes del océano Pacífico y del golfo de México. Estas conchas y piedras finas formaban cuentas, figurillas, colgantes y otros adornos. Los investigadores concluyeron que gran parte del trabajo lapidario se producía para la clase media teotihuacana. Otros talleres colindaban con los templos y las pirámides, lo que sugiere que estaban bajo el control de templos o palacios.

Todas las conchas y piedras preciosas se importaban de otros lugares. Los comerciantes traían las conchas de la región del Golfo de Veracruz, a unas doscientas millas de distancia, y del Pacífico, a unas cuatrocientas millas. Una fascinante máscara de serpentina verde hallada bajo la Pirámide del Sol podría haber sido tallada en Teotihuacán con piedras preciosas importadas del noreste de México. Los artículos de jadeíta hallados en Teotihuacán probablemente procedían del este de Guatemala, novecientos kilómetros al sur.

Para alimentar a su enorme población, una de las principales actividades económicas de Teotihuacán era la agricultura. Teotihuacán se asentaba sobre una meseta regada por dos pequeños ríos que desembocaban en el sistema lacustre de Texcoco. Aunque no recibía abundantes precipitaciones, los manantiales del valle arrojaban hasta 1.500 litros de agua por segundo, lo que permitía regar unas 7.500 hectáreas de tierras de cultivo. Los dirigentes de Teotihuacán habrían organizado una mano de obra coordinada para excavar canales y mantenerlos.[i]

Decenas de miles de agricultores cultivaban la tierra para alimentar a 125.000 personas o más. Los principales cereales eran el maíz y el amaranto. También cultivaban verduras y frutas, como chiles, nopales, calabazas y tomates. Las judías pintas y otras alubias constituían una fuente vital de proteínas, y algunos barrios consumían una notable cantidad de marisco. El marisco incluía pescado, mejillones y langostas recogidos en los ríos, por lo que los pescadores formaban parte de la mano de obra de Teotihuacán. El marisco seco de la región de Veracruz era una importante importación.

Cuando el equipo arqueológico de Carballo analizó los huesos de animales del distrito de Tlajinga, se sorprendió de que incluso los sectores no elitistas de la sociedad consumieran una notable cantidad de

---

[i] Carballo, "Craft Production and Interregional Exchange", 115.

carne. Esto incluía pavos y perros criados para la alimentación, probablemente dentro de los recintos residenciales. Sin embargo, la cría de animales a gran escala era lucrativa en algunas partes de la ciudad.

El arqueólogo Andrew Somerville y su equipo utilizaron el análisis de isótopos para estudiar si los teotihuacanos criaban y reproducían conejos para su alimentación. Descubrieron que el complejo residencial de Oztoyahualco criaba conejos de cola de algodón y liebres que eran alimentados con maíz. Se encontraron huesos de conejo por toda la ciudad, y los análisis indican que algunos eran conejos silvestres que habrían sido cazados o atrapados. Sin embargo, los conejos domésticos alimentados con grano de Oztoyahualco y otros lugares habrían constituido una fuente constante de carne para la ciudad.[i]

Teotihuacán, la mayor ciudad de América en su época y una de las mayores del mundo, albergaba a su población en complejos de apartamentos meticulosamente planificados. El trazado cuadriculado de la ciudad y la cuidadosa planificación de los monumentos a lo largo de la Avenida de los Muertos hablan de la diligente organización y cartografía de toda la ciudad. La construcción de todas estas estructuras requirió grandes recursos en términos de materiales de construcción y la mano de obra calificada necesaria para erigirlas y decorarlas. ¿De dónde salió el dinero para hacer todo esto?

El "dinero" no procedía de ninguna parte, ya que los mesoamericanos no tenían monedas ni otro tipo de dinero en esa época. A veces utilizaban como moneda las habas de cacao, que servían para hacer chocolate. Pero los árboles de habas de cacao no crecían en la Meseta Mexicana. Estos árboles crecían en las selvas tropicales del sur, por lo que la mayor parte de la población de Teotihuacán no habría tenido acceso al cacao. Los teotihuacanos utilizaban un sistema de trueque, intercambiando los productos que fabricaban en sus barrios por alimentos y otros artículos de primera necesidad.

Un sistema de trueque satisfaría la necesidad económica en su nivel más bajo. Pero, ¿cómo mantenía la ciudad sus infraestructuras, como calles, canales y desagües? ¿Cómo se organizaba la recolección de

[i] Somerville, A. D., et al, "Animal Management at the Ancient Metropolis of Teotihuacan, Mexico: Stable Isotope Analysis of Leporid (Cottontail and Jackrabbit) Bone Mineral", *PLoS One*. (2016 Aug 17);11(8):e0159982. doi: 10.1371/journal.pone.0159982. PMID: 27532515; PMCID: PMC4988673.

basura? ¿Cómo compraba la ciudad los materiales de construcción para edificar pirámides y apartamentos? ¿Quién pagaba el mantenimiento de los sacerdotes y administradores y los sacrificios necesarios para mantener contentos a los dioses?

Carballo teoriza que la ciudad tenía un impuesto sobre el trabajo. Todos los residentes trabajaban un determinado número de días para su barrio, la ciudad en su conjunto y el mantenimiento de los templos y palacios. Los individuos y los barrios probablemente también pagaban impuestos en forma de los bienes que producían. Es posible que el gobierno y los templos fueran los propietarios de los talleres más grandes, especialmente los cercanos al centro de la ciudad. Muchos templos y complejos palaciegos contaban con talleres en su interior, en los que se producían artículos especiales para rituales religiosos.

Teotihuacán era una bulliciosa metrópoli comercial con una red que abarcaba miles de kilómetros de territorio en Mesoamérica. Creció hasta convertirse en una megalópolis gracias a su amplia, dinámica e intrincada economía, que probablemente funcionaba tanto a nivel privado e individual como a nivel colectivo en toda la ciudad.

Capítulo 7: Religión y rituales

Gran parte de Teotihuacán es una incógnita. Ni siquiera conocemos el nombre real de la ciudad, sólo el que le dieron los aztecas mil años después, que significa "el lugar donde surgieron los dioses". Los aztecas no entendían cómo los humanos podían construir la enorme Pirámide del Sol y las otras impresionantes pirámides y palacios. Debieron de ser dioses o gigantes quienes construyeron la ciudad, o quizá surgió de la niebla primordial, como simbolizan las obras de arte y el simbolismo arquitectónico de la ciudad.

Los aztecas que entraron por primera vez en las desmoronadas ruinas de Teotihuacán quizá no supieran mucho más de la religión de la ciudad que nosotros. Procedían del noroeste de México, donde los chichimecas (antepasados de los aztecas) no construían templos ni veneraban imágenes de sus dioses. Pero los aztecas habían residido durante veinte años en las ruinas de la ciudad tolteca de Tollan. Tollan había sido una colonia teotihuacana y los restos de los teotihuacanos que aún vivían en la región influyeron en los toltecas.

Del mismo modo, los aztecas absorbieron la cultura de los pocos toltecas que quedaban en Tollan. Así pues, es posible que los aztecas reconocieran a algunos dioses o comprendieran lo que representaban los murales semiabstractos. Ni siquiera conocemos los nombres de los dioses teotihuacanos. Si se parecen a otros dioses mesoamericanos o parecen tener funciones comparables, se los suele llamar con los nombres de los dioses aztecas y de deidades de otras culturas.

La mayor parte de lo que sabemos sobre la religión de Teotihuacán es lo que dejaron sus gentes: las pirámides, los otros templos, los brillantes murales, las esculturas y los sacrificios. Pero cinco antropólogos pueden ver el mismo mural y presentar cinco interpretaciones diferentes. Pueden hacer conjeturas si observan temas similares en otras culturas mesoamericanas. Dado que los teotihuacanos interactuaban tan libremente con los mayas, los zapotecas y otras culturas mesoamericanas, es razonable suponer que compartían creencias religiosas. Pero parte del arte de Teotihuacán es tan abstracto y único que no tiene parangón.

Sí sabemos que Teotihuacán fue un epicentro religioso para la cuenca de México y quizá incluso para toda Mesoamérica. Tenía más templos que cualquier otra ciudad de México. Los teotihuacanos diseñaron meticulosamente su ciudad, con su avenida ceremonial alineada con precisión 15,5 grados al este del norte, orientada al movimiento del sol. La Avenida de los Muertos ascendía gradualmente hasta su culminación en la Pirámide de la Luna, enmarcada por el sagrado volcán Cerro Gordo en la distancia.

Los mitos de la creación de los antiguos mesoamericanos suelen comenzar con un mundo en completa oscuridad cubierto de agua. Una escritura maya habla de que sólo existen el agua y el cielo y ninguna otra cosa creada. Sólo la Serpiente Emplumada verde se agitaba a través de las aguas como el Creador. Cuando la Serpiente Emplumada dijo: "Que así sea", la tierra surgió del agua y así se formó nuestro planeta.[i]

Algunos arqueólogos, como el difunto Michael Coe de Yale, creían que toda la ciudad de Teotihuacán era una metáfora de la vida surgiendo de un vasto mar. Coe observó que conchas, olas y otros motivos marinos cubrían el Templo de la Serpiente Emplumada, lo que en su opinión apuntaba a la creación del universo a partir de un vacío acuoso. Otro concepto mesoamericano era el de los humanos emergiendo de una cueva oscura, a menudo dentro de una montaña. El arte de Teotihuacán parece reflejar este elemento temático.[ii]

---

[i] Clemency Chase Coggins, "Creation Religion and the Numbers at Teotihuacan and Izapa", *RES: Anthropology and Aesthetics*, no. 29/30 (1996): 19. http://www.jstor.org/stable/20166942.

[ii] Matthew Shaer, "A Secret Tunnel Found in Mexico May Finally Solve the Mysteries of Teotihuacán", *Smithsonian Magazine* (June 2016). https://www.smithsonianmag.com/history/discovery-secret-tunnel-mexico-solve-mysteries-teotihuacan-180959070/.

Un concepto sobre la creación que impregnó Mesoamérica fue que los dioses crearon la tierra en cuatro direcciones divisorias, como se relata en una escritura quiché:

"El Hacedor, Modelador, Madre-Padre de la vida procedió a completar el surgimiento de todo el cielo-tierra: el cuádruple apartar, el cuádruple arrinconar, el medir, el cuádruple estacar, el partir por la mitad el cordón, el estirar el cordón, en el cielo, en la tierra, los cuatro lados, las cuatro esquinas".[i]

Teotihuacán fue un modelo de este concepto de las cuatro esquinas. La Avenida de los Muertos discurría de norte a sur por el centro de la ciudad y estaba dividida por la Avenida Este-Oeste, creando cuatro cuadrantes de la ciudad. En esa intersección se encontraban el Gran Recinto, al oeste, y la Ciudadela, al este. El Gran Recinto era probablemente el mercado central de la ciudad, y la Ciudadela albergaba el Templo de la Serpiente Emplumada.

Las evidencias arqueológicas apuntan a que Teotihuacán tenía un sistema religioso parecido al de las ciudades mayas de Tikal y El Mirador, en Guatemala. Los mayas rendían culto a los cuerpos celestes del sol, la luna y la tierra, a la Serpiente Emplumada y a una deidad jaguar que protegía a los hombres. Tikal y El Mirador precedieron a Teotihuacán y también fueron contemporáneos y socios comerciales. Teotihuacán gobernó Tikal durante aproximadamente un siglo, a partir del año 378 de nuestra era.

Esther Pasztory creía que los emigrantes que inundaron Teotihuacán trajeron consigo sus rituales "a nivel de aldea". Estos rituales domésticos estaban separados de la religión estatal y sus prácticas. Se referían a asuntos familiares y domésticos que no estaban relacionados con la ciudad en su conjunto. No se trataba de resistirse a la religión estatal, sino de mantener un sistema de creencias personal basado en las costumbres ancestrales y las necesidades individuales.

Algunos rituales domésticos parecían universales, impregnaban la ciudad, pero no estaban relacionados con la religión o la política del estado. Un ejemplo es Huehueteotl, palabra azteca que significa "Dios Viejo". Estas estatuillas de cerámica representaban a un anciano arrugado sentado con las piernas cruzadas y equilibrando un brasero sobre la cabeza. George Cowgill pensó que podían representar un culto al hogar.

---

[i] Coggins, "Creation Religion", 20.

Los aztecas copiaron posteriormente esta imagen y la veneraron como deidad del fuego, pero es dudoso que tuviera el mismo significado en Teotihuacán.[i]

El Viejo, posiblemente un dios del fuego o de los terremotos y la lluvia[23]

La península de Yucatán, Veracruz y el altiplano guatemalteco tienen imágenes similares. El Viejo puede haber sido una importación maya de la deidad que ellos llamaban "Mam" ("Abuelo"), un espíritu de la montaña que traía terremotos y aguaceros. O puede que fuera al revés, y que Teotihuacán exportara el Viejo a los mayas de la costa del Golfo.

El arqueólogo Hasso von Winning propuso una teoría diferente. La ciudad de Cuicuilco, cuarenta y cinco millas al sur, precedió a Teotihuacán en siglos y coexistió hasta que una colada de lava volcánica la cubrió en el siglo III de nuestra era. Con toda probabilidad, los supervivientes empezaron a emigrar a Teotihuacán hacia el año 150 d. C., cuando comenzó el declive de la ciudad, provocado por erupciones volcánicas anteriores. Según von Winning, Cuicuilco poseía las imágenes

---

[i] Cowgill, "State and Society", 141.

más antiguas de la deidad del Viejo de la cuenca de México; las de Teotihuacán eran prácticamente idénticas a las de Cuicuilco.

La deidad del Viejo de Cuicuilco estaba asociada con el volcán Xitle, que finalmente destruyó la ciudad. Pero en Teotihuacán no había ningún volcán rugiente que se cerniera sobre la ciudad. El Viejo puede haber pasado de ser un terrorífico dios del fuego a un dios abuelo del hogar y padre del resto de los dioses y de los humanos. En los rituales domésticos se utilizaban pequeños incensarios de doble cámara que podían representar las grandes tallas de piedra del Viejo con el brasero en la cabeza. El uso de estos incensarios de doble cámara terminó cuando Teotihuacán colapsó.[i]

Otro posible ritual relacionado con la religión doméstica es el entierro de bebés y niños nacidos muertos cerca o debajo de los altares de los patios de los complejos de apartamentos. ¿Eran estos bebés ofrendas de sacrificio? Sabemos que los teotihuacanos sacrificaban bebés y niños en la Pirámide del Sol. Pero Teotihuacán también tuvo una alta tasa de mortalidad infantil, especialmente en los dos últimos siglos antes de su desaparición. Casi un tercio de los entierros en el patio de un recinto eran recién nacidos. Las investigaciones de la antropóloga Rebecca Storey indicaron que en el último siglo antes del colapso final de Teotihuacán, muchos fetos dejaron de crecer en el tercer trimestre. Lamentablemente, las madres no comían lo suficiente. Entonces, ¿por qué enterraban a estos bebés cerca del altar? Los mesoamericanos consideraban que los bebés tenían una conexión más estrecha con los dioses porque los infantes no habían vivido mucho tiempo en el mundo físico.[ii]

Un ritual que parece pertenecer más al ámbito personal que a la religión estatal era la costumbre de tallar diseños geométricos como rectángulos, círculos y cruces. Un tema común era un círculo dentro de un círculo dividido por una cruz, un símbolo que también se encuentra en las regiones zapoteca y maya. Al principio, los estudiosos pensaron que los símbolos tenían un significado astronómico o que se utilizaban en la planificación urbana, lo cual podría ser cierto. Sin embargo, se han encontrado muchos en barrios, a veces incluso en el suelo de una casa

---

[i] Hasso von Winning, "The Old Fire God and His Symbolism at Teotihuacan", *Indiana*, Vol. 4 (1977). https://doi.org/10.18441/ind.v4i0. 10-11.

[ii] Cowgill, "State and Society", 142.

normal. Podrían representar un calendario sagrado, la adivinación o incluso un juego.

Aunque los grandes templos, especialmente las majestuosas pirámides, se alineaban en la avenida principal de la ciudad, los complejos de apartamentos individuales solían tener sus propios pequeños santuarios. El patio central solía tener tres plataformas al norte, al este y al sur, con el altar en el centro. Las plataformas solían tener una sala con porche en la parte superior. Estos mini-templos implican que los residentes de cada complejo de apartamentos realizaban cultos y sacrificios conjuntos.

La religión estatal sólo incluía un puñado de dioses. Una deidad prominente era la Serpiente Emplumada, que los toltecas y aztecas adoraron más tarde como Quetzalcóatl, uno de sus dioses principales. Los olmecas fueron los primeros en adorar a este dios, que se representaba como una serpiente de cascabel con cresta, plumas y, a veces, patas. Los mayas lo llamaban Waxaklahun Ubah Kan, la Serpiente de la Guerra. En Teotihuacán, representaba la autoridad del Estado y estaba asociado al ejército. Los toltecas, que entraron en el centro de México cerca de la época del colapso de Teotihuacán, consideraban a la serpiente como el Señor de la Creación de Teotihuacán.

La serpiente emplumada verde se cierne sobre cuatro corazones humanos sacrificados en esta vasija trípode de cerámica [26]

El arte de Teotihuacán muestra a la serpiente con el sacrificio de corazones humanos. Cuando los teotihuacanos construyeron el Templo de la Serpiente Emplumada, sacrificaron a más de doscientas personas, que fueron enterradas alrededor de la pirámide. La mayoría de las víctimas de los sacrificios eran guerreros vestidos con atuendos militares y enterrados con puntas de lanza y dardos. En la dedicación del templo también se sacrificaron mujeres jóvenes de estatus desconocido y varones de alto estatus.

Otra deidad, a veces llamada Tlaloc por el dios azteca de la lluvia, era el dios de la tormenta y la guerra de Teotihuacán. Este dios tiene ojos saltones, colmillos y una mandíbula inferior diminuta o ausente. A veces se lo representa con un rayo o con algas en la boca. Otras veces se lo muestra con armas, lo que sugiere una relación con el ejército. Este dios tenía una doble naturaleza, como proveedor de fertilidad y lluvia, pero también como dios letal del rayo y el granizo.

Algunos estudiosos se preguntan si los murales que supuestamente representan al dios masculino de las tormentas podrían representar en realidad a la Gran Diosa o a la Mujer Araña. El antropólogo Peter Furst y la historiadora del arte Esther Pasztory señalaron elementos "femeninos" en al menos dos murales, como un pájaros verde y una araña en el tocado de la deidad. Creían que la deidad era una diosa maternal de la fertilidad y la agricultura. El arqueólogo Karl Taube la bautizó con el nombre de Mujer Araña por los colgantes con colmillos de su nariz y las arañas encontradas en sus murales. Pasztory teorizó que la Gran Diosa era la deidad principal de Teotihuacán, especialmente después del año 200 d. C., cuando aparecieron murales que la representaban.

En la Pirámide del Sol y sus alrededores hay grabados de calaveras y jaguares. Pueden representar la muerte y el inframundo. La gran pirámide puede haber representado el día y la noche, la vida y la muerte. Justo al oeste de la Pirámide de la Luna se encuentra el Palacio de los Jaguares, llamado así por un deslumbrante mural de un jaguar soplando una caracola de la que gotea sangre. Podría tratarse de un dios de la guerra, y la sangre podría representar el corazón de una víctima conquistada. Este mural y otro de Tetitla muestran al jaguar con un tocado de plumas, lo que quizá lo relacione con la Serpiente Emplumada.

El jaguar está soplando una caracola que gotea sangre [27]

Los rituales religiosos típicamente mesoamericanos no eran asuntos tranquilos. Los rituales sangrientos eran comunes e implicaban la práctica de sangrías voluntarias, sacrificios de animales y sacrificios humanos. En la sangría, una persona se cortaba o perforaba lo suficiente para que fluyera la sangre utilizando una hoja de obsidiana, una espina de raya o dientes de tiburón. El sangrador suele cortarse la lengua, pero puede cortarse otras partes del cuerpo, como la mejilla o los labios. Incluso podía cortarse los genitales, sobre todo si rezaba por la fertilidad. Los ciudadanos de a pie sólo solían observar esta sangrienta práctica; los que se perforaban a sí mismos eran gobernantes o sacerdotes que se colocaban en un patio central o en una pirámide para que todos los vieran. Los sangradores solían ser hombres, aunque un grabado muestra a una reina maya atravesándose la lengua con una cuerda.

Este mural de Teotihuacán parece mostrar un ritual de derramamiento de sangre [28]

78

Un fragmento de mural de Teotihuacán parece representar un derramamiento de sangre. Aunque la mayoría de los murales de Teotihuacán presentan un color carmesí junto con verde y dorado, el color dominante de este mural es el rojo sangre. Muestra a un sacerdote que parece estar rezando para que llueva y haya una buena cosecha, a juzgar por el rollo de palabras que representa plantas y conchas. Delante de él hay un haz de cañas, que en Mesoamérica representaban los años. Cuatro espinas de maguey atraviesan las cañas, y otro manojo detrás de él muestra otras dos espinas de cactus. Es probable que el sacerdote se haya empalado con las espinas para hacer una ofrenda de sangre a la deidad. En una de sus manos fluye una ofrenda de flores y gotas rojas de sangre.

Los teotihuacanos también ofrecían sacrificios de animales. En 2004, los antropólogos Saburo Sugiyama y Rubén Cabrera estaban explorando la Pirámide de la Luna cuando descubrieron una bóveda en el núcleo de la pirámide. Databa de su tercera reconstrucción y contenía un increíble alijo de sacrificios:

"Esta cámara dedicatoria incluía los restos de más de cincuenta animales, la mayoría representantes de los carnívoros más peligrosos del paisaje, como águilas, felinos (jaguares y pumas), cánidos (lobos, coyotes e híbridos entre lobos y perros) y serpientes de cascabel. Ante este extraordinario conjunto faunístico, investigamos los dinámicos procesos rituales que tuvieron lugar durante la ceremonia de dedicación".[i]

Los arqueólogos encontraron al menos 194 esqueletos de animales salvajes dentro y debajo de las Pirámides del Sol y de la Luna. El análisis de los restos de los animales depredadores indica que muchos probablemente fueron mantenidos en cautiverio durante algún tiempo antes de su sacrificio. Los depredadores se alimentaban de animales cuya dieta principal era el maíz. Algunos especulan con la posibilidad de que los gatos salvajes y los lobos se comieran a los humanos o los mataran como parte del ritual de sacrificio antes de ser sacrificados ellos mismos. Las pinturas de Teotihuacán muestran a estos carnívoros comiendo corazones humanos y en procesión portando grandes cuchillos.

---

[i] Sugiyama, Nawa, et al, "Animal Management, Preparation and Sacrifice: Reconstructing Burial 6 at the Moon Pyramid, Teotihuacan, México", *Anthropozoologica*, 48(2), 467-485, (1 December 2013).

Los animales salvajes no fueron los únicos sacrificios que los antropólogos encontraron bajo las pirámides. Al explorar las entrañas de la Pirámide de la Luna, Sugiyama y Cabrera encontraron los esqueletos de doce humanos, diez de ellos sin cabeza. Los antropólogos pensaban que la ciudad no practicaba los sanguinarios sacrificios humanos que caracterizaban a la mayoría de las culturas mesoamericanas. Los espeluznantes huesos acabaron rápidamente con esa idea. Cuanto más exploraban los arqueólogos las tres pirámides, más pruebas de sacrificios humanos, algunos a gran escala, encontraban.

Cuando los teotihuacanos dedicaban sus pirámides, sacrificaban ritualmente a víctimas humanas y las enterraban debajo o dentro de los templos o alrededor de su perímetro. En el caso de la Pirámide de la Serpiente Emplumada, los arqueólogos han desenterrado más de doscientos restos humanos. También hallaron piel humana en un túnel que conduce bajo la Pirámide de la Serpiente Emplumada, lo que sugiere el desollamiento de las víctimas del sacrificio. Los teotihuacanos decapitaron a muchas de las víctimas y a algunas les extrajeron el corazón como ofrenda aparte. Algunos murieron por traumatismo craneal, y algunos humanos y animales fueron enterrados vivos.

Los sacrificios humanos no sólo ocurrían en las pirámides, sino en toda la ciudad. Cuando los arqueólogos excavaron el Barrio de Teopancazco, poblado principalmente por gente de la costa del Golfo, descubrieron que casi un tercio de los esqueletos habían sido decapitados. El análisis de los huesos demostró que se trataba de hombres jóvenes de fuera de Teotihuacán, posiblemente emigrantes o cautivos de guerra. En un ritual celebrado hacia el año 350 d. C., se cortaron las cabezas de veintinueve víctimas.[i]

Los análisis mostraron que estos esqueletos decapitados eran principalmente hombres jóvenes del corredor entre la costa del Golfo y Teotihuacán. Quizá pertenecían a tribus rivales que interferían en el bullicioso comercio entre Teopancazco y la costa. Pero, ¿por qué darles un entierro ceremonial con las cabezas colocadas en un cráter con un cuenco sobre cada cabeza? ¿Creían que esto les daba poder sobre los espíritus de sus enemigos?

---

[i] Manzanilla, "Cooperation and Tensions", 9212-15.

Cuando emigrantes de múltiples culturas llegaron a Teotihuacán, ¿conservaron sus antiguas costumbres religiosas? María Rodríguez exploró esta cuestión en su estudio de las tradiciones funerarias del barrio oaxaqueño de Teotihuacán. Descubrió que los emigrantes zapotecas conservaron algunos aspectos de la cultura de su tierra natal, pero acabaron formando una nueva identidad cultural. Rodríguez descubrió que las tumbas convencionales medían casi dos metros de largo, unos dos metros y medio de ancho y unos treinta centímetros de profundidad. Los zapotecas de Teotihuacán enterraban con sus seres queridos ofrendas funerarias, como platos de cerámica en miniatura, perros, figuritas, cuentas y objetos de obsidiana. Normalmente enterraban a sus muertos bajo el suelo de sus casas o en el patio de su complejo de apartamentos. Esto difería de lo que ocurría en su tierra natal, donde las tumbas solían estar en lugares públicos, como debajo de un templo.

Una costumbre peculiar consistía en conservar ocasionalmente el cráneo de un individuo, con sus tres primeras vértebras unidas, en el patio junto a una escalera. Se desconoce si estas personas murieron de muerte natural o fueron víctimas de sacrificios. Una costumbre mortuoria que los zapotecas trajeron consigo de su tierra natal era la reutilización de una tumba, presumiblemente la de un pariente fallecido. La primera persona solía ser enterrada en posición extendida, pero cuando moría la segunda, los huesos de la primera se trasladaban a un rincón de la tumba y a menudo se cubrían con ocre rojo. Esto permitía enterrar al nuevo cadáver de cuerpo entero. Rodríguez creía que el ocre rojo era una señal de respeto y reverencia a los antepasados.

Otra costumbre que los zapotecas trajeron consigo a Teotihuacán era enterrar a los perros con las personas. A veces también se enterraban pájaros con personas de alto estatus. Una tercera ofrenda funeraria zapoteca eran las urnas talladas para representar a Cocijo, una versión zapoteca del dios de la tormenta o Tláloc. También enterraban figurillas que eran el Dios Viejo zapoteca, similar al Dios Viejo de Teotihuacán, pero con un elaborado tocado.[i]

Gran parte de Teotihuacán sigue siendo un misterio. Sin embargo, los antropólogos han obtenido muchos datos de entierros, murales, esculturas y otras pruebas, llegando a la conclusión de que la religión y

---

[i] Rodriguez, *The Oaxaca Barrio*, 32-73.

los rituales de Teotihuacán eran similares a los de otras culturas mesoamericanas. Sin duda, como ciudad multiétnica, los emigrantes trajeron consigo sus religiones. Es posible que estos diversos sistemas de creencias se fundieran para formar la concepción que los teotihuacanos tenían del cosmos y de su lugar en él.

Capítulo 8: Las Grandes Pirámides

A diferencia de las pirámides egipcias, que eran enormes tumbas para los faraones muertos, las tres grandes pirámides de Teotihuacán eran templos. Los aztecas llamaban al bulevar principal de Teotihuacán la Avenida de los Muertos, dando por sentado que en las altísimas pirámides yacían enterrados poderosos reyes, pero no se ha encontrado ninguna tumba real. En cambio, las tres pirámides servían como centro de culto para la ciudad, que se extendía de este a oeste.

Cada templo era único. Su tamaño, forma y construcción eran diferentes, y cada uno tenía un significado simbólico. Toda la ciudad surgió de un plan maestro que partía de las pirámides como eje central y utilizaba técnicas arquitectónicas y de ingeniería muy sofisticadas. Aunque cada pirámide era distinta, formaban un conjunto armónico, equilibrado y complementario. Los arquitectos de la ciudad determinaron la ubicación de las pirámides a lo largo de la Avenida de los Muertos en dirección norte basándose en la trayectoria del sol poniente el 29 de abril y el 12 de agosto.

¿Por qué estas dos fechas? Los mesoamericanos seguían un calendario ritual de 260 días, del 12 de agosto al 29 de abril, y un calendario solar de 365 días que incluía el resto de los 105 días. La fecha de agosto iniciaba el año nuevo para los mayas (y presumiblemente para los teotihuacanos). La Pirámide del Sol es la mayor del trío y la tercera pirámide más grande del mundo. La Pirámide de la Luna es aproximadamente el 40% de la Pirámide del Sol. Curiosamente, 105 días son el 40% del año sagrado de 260 días.

La primera pirámide que se encuentra una persona al entrar en la Avenida de los Muertos desde el sur es el Templo de la Serpiente Emplumada. Aunque es la más pequeña de las tres pirámides, es la más ornamentada y destaca por sus llamativas esculturas. De sus capas de talud-tablero sobresalen a intervalos cabezas en forma de dragón con cuellos emplumados.

La Pirámide de la Serpiente Emplumada presenta dos tipos de cabezas de serpiente en cada nivel [29]

Estas cabezas de serpiente emplumada se alternan con cabezas de ojos saltones y dos colmillos, y cada uno de los dos tipos de cabeza pesa más de cuatro toneladas. Los eruditos debaten acaloradamente sobre la identidad de la criatura de ojos saltones. Algunos creen que se trata del dios de la tormenta Tlaloc, conocido por sus ojos saltones. Sin embargo, hay bajorrelieves de cuerpos reptiles que se retuercen por las paredes y parecen conectarse a cada cabeza. Podría tratarse de un dios cocodrilo, de una serpiente de cascabel o de la serpiente de fuego, todas ellas deidades mesoamericanas.

Aunque sus capas superiores están muy erosionadas, la pirámide llegó a tener casi 30 metros de altura, aproximadamente la altura de un edificio de diez plantas. Cada lado de su base cuadrada mide unos 18 metros. Los ojos de las cabezas de las serpientes probablemente tenían un cristal verde obsidiana que brillaba a la luz del sol. Hoy, la pirámide es de un gris apagado, pero hace dieciséis siglos, su fachada brillaba con pintura azul, roja, dorada y verde. Los teotihuacanos construyeron la Pirámide de la Serpiente Emplumada entre los años 150 y 200 de nuestra era.

La Pirámide de la Serpiente Emplumada se encuentra dentro de la Ciudadela, un patio hundido de 38 acres. A cada lado de la pirámide hay estructuras parecidas a palacios, quizás donde vivía la realeza o los sacerdotes. La enorme Ciudadela, que rodeaba la Pirámide de la Serpiente Emplumada, ofrecía mucho espacio para celebrar multitudinarias reuniones al aire libre para observar ceremonias. Alrededor del perímetro de la Ciudadela hay quince plataformas escalonadas, quizás utilizadas para rituales de sacrificio o como puestos de observación. Los arqueólogos creen que la Ciudadela estaba hundida para poder llenarla de agua periódicamente, como una recreación de la montaña sagrada emergiendo del mar en el momento de la creación.

La Pirámide de la Serpiente Emplumada está obviamente dedicada a la Serpiente Emplumada y a su pareja reptil. Casi todas las culturas mesoamericanas veneraban a la Serpiente Emplumada. En el arte olmeca, parecía representar la fertilidad y el crecimiento. En la mitología maya, era Kukulkán, el Creador. Los toltecas y aztecas la llamaban Quetzalcóatl: la estrella de la mañana y dios de la creación y el viento.

¿Y el reptil de ojos saltones que se asocia con la Serpiente Emplumada en la pirámide? Los mayas tenían una deidad cocodrilo que veían en el cielo en las noches claras y oscuras. Las nubes de polvo cósmico dejan un camino largo, oscuro y arqueado llamado "Grieta Oscura" a través de la Vía Láctea. Para los mayas, la Grieta Oscura parecía arrastrarse por el cielo como un cocodrilo. Pero también parecía un túnel oscuro hacia el inframundo, el camino desde el útero primordial. ¿Podría ser el reptil que acompaña a la Serpiente Emplumada en la pirámide el cocodrilo de la "Falla Oscura"? La identidad del reptil puede estar relacionada con un túnel de la longitud de un campo de fútbol que discurre bajo la pirámide de la Serpiente Emplumada. El túnel fue excavado entre cincuenta y cien años antes de la construcción de la pirámide.

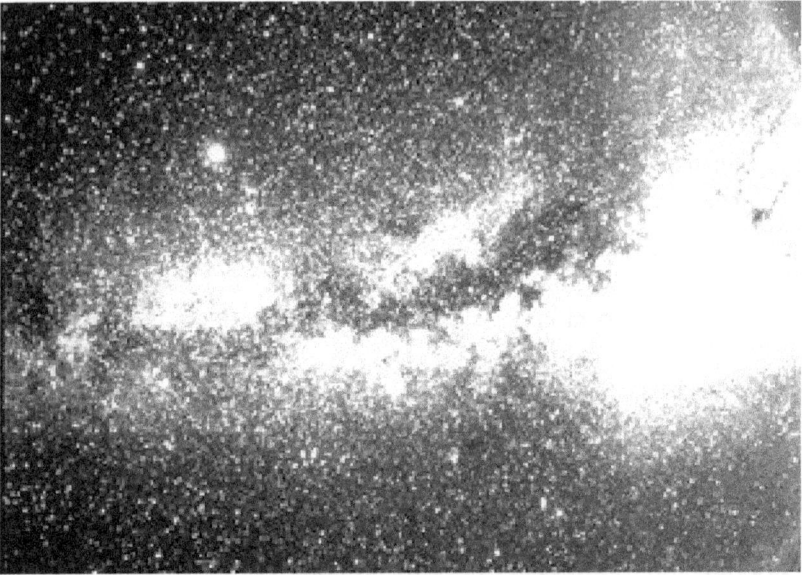

La grieta oscura de la Vía Láctea [30]

En 2003, un torrente de lluvia inundó Teotihuacán, abriendo un socavón en la base de la Pirámide de la Serpiente Emplumada. El arqueólogo Sergio Gómez, del Instituto Nacional de Antropología e Historia de México, llegó al día siguiente para examinar el agujero. No estaba seguro de lo que veía, pero sabía que había que repararlo para mantener la integridad de la pirámide y la seguridad de los turistas. No esperaba encontrar nada en el agujero. Aun así, descendió al abismo con una cuerda atada a la cintura y sujetado por sus compañeros.

Cuando por fin sus pies tocaron el suelo, alumbró con la linterna y se dio cuenta de que estaba en un túnel hecho por el hombre, no algo esculpido por la intemperie. Tenía techo, pero unas enormes piedras bloqueaban el paso. Gómez sabía que los arqueólogos habían descubierto un túnel bajo la Pirámide del Sol en 1971. Y ahora, ¡había encontrado uno bajo la Pirámide de la Serpiente Emplumada!

Pero Gómez sabía que tendría que esperar un tiempo antes de descubrir qué tesoros guardaba el túnel. "No puedes sumergirte y empezar a remover la tierra. Tienes que tener una hipótesis clara y que te la aprueben".[i]

---

[i] Shaer, "A Secret Tunnel".

Con el yacimiento vedado a los turistas, el Instituto Nacional de Antropología e Historia de México entregó un aparato de radar. Gómez y su equipo se pusieron manos a la obra para explorar el subsuelo de la Ciudadela. En 2005, completaron un mapa digital que mostraba un túnel de 330 pies que discurría bajo la Ciudadela hasta el centro de la Pirámide de la Serpiente Emplumada. Presentaron sus hallazgos al gobierno mexicano, solicitando permiso para excavar.

Finalmente, en 2009, seis años después de encontrar el túnel, Gómez obtuvo la autorización que buscaba. El proceso de excavación del túnel de cuarenta pies fue insoportablemente lento. Tuvieron que excavar a mano con precaución para no dañar ningún artefacto. También tuvieron que construir andamios para evitar que el túnel se derrumbara sobre ellos. Retiraron con cuidado toneladas de tierra y descubrieron piel humana, huesos de jaguar y puma, bolas de ámbar, cerámica, joyas, cuchillos y estatuillas de obsidiana, incluida una estatua de jaguar. Dos robots ayudaron en la parte final del túnel, que se abrió en una sala en forma de cruz.

En un principio, Gómez pensó que la cámara podría albergar las tumbas de grandes reyes de Teotihuacán. Eso creían los aztecas y muchos arqueólogos. En cambio, Gómez encontró charcos de mercurio en el suelo y pirita de hierro (oro de los tontos) incrustada en el suelo, el techo y las paredes, que emitía un brillo espeluznante. El túnel y la cámara del fondo parecían emular el inframundo primordial mesoamericano, la cueva de la creación, donde la humanidad surgió de las tinieblas.[i]

Cuando se abandona el Templo de la Serpiente Emplumada y se camina hacia el norte por la Avenida de los Muertos, la Pirámide del Sol asoma por delante, justo a la derecha de la avenida. Mide 60 metros de altura y tiene cuatro niveles. Su base rectangular mide 720 por 760 pies. En lugar de llegar a un punto en la parte superior, tiene una capa plana en la que una vez estuvo un templo. Visto desde arriba, recuerda a una tarta de bodas rectangular de cuatro pisos.

---

[i] Shaer, "A Secret Tunnel".

La Pirámide del Sol vista desde la Avenida de los Muertos [31]

Los lados de la pirámide son lisos, con piedras de revestimiento, y hace unos 1.800 años estaría enlucida con cal y quizá pintada con murales. Una serie de escaleras sencillas y dobles ascienden por las capas de la parte frontal de la pirámide, orientada al oeste. La cima ofrece una vista espectacular de toda la ciudad. Delante de la pirámide había una gran plataforma para ceremonias.

En las excavaciones realizadas en 1906 se encontraron niños enterrados en posición sentada en las cuatro esquinas de la pirámide en cada nivel. Estos sacrificios de niños llevaron a especular que la pirámide estaba dedicada al Dios de la Tormenta, parecido a Tláloc, ya que los aztecas sacrificaban niños a Tláloc. Pero en aquel momento, los estudiosos no tenían pruebas de que los teotihuacanos practicaran el ritual de sacrificio de niños a su Dios de la Tormenta de ojos saltones, ni nada más apuntaba a esa deidad.

Durante las siete décadas siguientes, varios equipos excavaron túneles bajo la pirámide sin encontrar gran cosa de interés. Varios arqueólogos, entre ellos René Millon, que encabezó el Proyecto de Cartografía de Teotihuacán, estaban seguros de que bajo la pirámide había tumbas reales. En 1971, un equipo descubrió un túnel en el lado oeste de la Pirámide del Sol, que conducía a cuatro cámaras que se extendían como un trébol. Estas cámaras habían sido saqueadas en la antigüedad, probablemente por los toltecas o los aztecas. Los saqueadores sólo dejaron fragmentos de cerámica y escamas de obsidiana.

Pero entonces, en 2011, los arqueólogos se emocionaron al descubrir otro túnel. Un equipo dirigido por Saburo Sugiyama llevaba excavando desde 2008. Sus esfuerzos desvelaron varios misterios relativos a las etapas de construcción de la pirámide, las funciones del túnel, el significado de la pirámide y las ofrendas de dedicación a la pirámide. Los aztecas habían supuesto que la mayor pirámide de Teotihuacán estaba dedicada al sol, pero ¿era así?

El equipo de Sugiyama llegó a la conclusión de que el túnel descubierto en 1971 estaba hecho por el hombre y no era un tubo de lava, como se pensaba. También descubrieron que la Pirámide del Sol fue construida sobre tres templos anteriores, que los teotihuacanos demolieron para construir la pirámide definitiva. La Estructura Uno de los templos anteriores no era una pirámide, sino un edificio amurallado. El equipo de Sugiyama encontró un bebé recién nacido enterrado cerca de la Estructura Uno. El bebé fue probablemente sacrificado cuando ese templo fue arrasado antes de la construcción de la actual Pirámide del Sol. [i]

El equipo determinó que los teotihuacanos construyeron la actual Pirámide del Sol en una sola fase de construcción tras colocar más sacrificios en sus cimientos y en la estructura de relleno. Los arqueólogos descubrieron el cráneo parcial de un infante de entre uno y dos años y de un niño de entre cuatro y seis años. También hallaron escondites de ofrendas con una gran caracola, cuchillas de obsidiana y una estatuilla de obsidiana. Finalmente, descubrieron otro túnel que conducía a una cámara de ofrendas, donde yacían huesos de

Una vasija de Tláloc de Teotihuacán del Dios de la Tormenta[32]

animales, estatuillas de piedra verde, cerámica, pirita y más objetos de obsidiana. Entre los estimulantes hallazgos se encontraban once vasijas completas de Tláloc, una exquisita máscara verde de serpentina y dos

---

[i] Nawa Sugiyama, et al, "Inside the Sun Pyramid at Teotihuacan, Mexico: 2008–2011 Excavations and Preliminary Results", *Latin American Antiquity* 24, no. 4 (2013): 403–16. http://www.jstor.org/stable/23645621.

esculturas de piedra verde. Entre los restos de animales había un águila que se había comido recientemente dos conejos, un cráneo y garras de puma y un cráneo de lobo.

El equipo de Sugiyama realizó nuevas pruebas de radiocarbono en la pirámide y su túnel subterráneo. Estas pruebas revelaron que la pirámide fue construida entre los años 170 y 310 d. C., aproximadamente un siglo más tarde de lo que se suponía. Los teotihuacanos construyeron el túnel entre los años 140 y 240 de nuestra era. Estas nuevas fechas cuestionan la hipótesis de que las tres pirámides fueran construidas prácticamente al mismo tiempo.[i] Los teotihuacanos construyeron la Pirámide de la Luna original alrededor del año 100 d. C. y erigieron la Pirámide de la Serpiente Emplumada entre los años 150 y 200 d. C. Probablemente construyeron la Pirámide del Sol más tarde.

Pero las renovaciones de la Pirámide de la Luna continuaron hasta el año 400, posiblemente incluso hasta el 450 d. C., mucho después de que se terminaran las otras dos pirámides.

¿Qué ceremonias celebraban los teotihuacanos en la Pirámide del Sol? Incluso antes de construir la pirámide, sacrificaban niños en los templos anteriores situados en su emplazamiento. ¿A qué dios dedicaron la pirámide los teotihuacanos? El Dr. Saburo Sugiyama cree que objetos como las vasijas de Tláloc y el sacrificio de niños apuntan a la asociación de la pirámide con el dios de los ojos saltones de la tormenta de Teotihuacán.

La última parada en la subida gradual de la Avenida de los Muertos es la Pirámide de la Luna. Con 141 pies de altura y una base rectangular de 480 por 427 pies, esta pirámide refleja el Cerro Gordo que se cierne tras ella. El mito de la creación de la mayoría de los mesoamericanos era que la gente surgía de las entrañas de una montaña sagrada, y Cerro Gordo es la montaña más alta de las que rodean el valle de Teotihuacán.

Al igual que la Pirámide del Sol, sus lados inclinados son relativamente lisos. Adosada a la parte frontal de la pirámide hay una plataforma de cinco niveles con una amplia escalinata central. La construcción de esta pirámide comenzó alrededor del año 100 d. C. Al principio era una pirámide pequeña, pero sufrió seis renovaciones en los tres siglos y medio siguientes. Cada vez, una nueva pirámide más grande

---

[i] Sugiyama, "Inside the Sun Pyramid", 416-29.

cubrió la estructura anterior hasta alcanzar su tamaño final.

¿A qué deidad honra este templo/pirámide? Algunos antropólogos creen que se trata de un templo a la Gran Diosa del inframundo, el agua y posiblemente la creación. Otros piensan que no está asociado a un dios en particular, sino más bien a la cosmología de Teotihuacán. Al igual que en las otras dos pirámides, los rituales en esta pirámide incluían sacrificios animales y humanos, aunque no de niños preadolescentes. En las sucesivas capas de la pirámide, cada vez más grande, los arqueólogos han descubierto restos de jaguares y otros felinos salvajes, águilas, halcones, serpientes y seres humanos. Al parecer, en la Pirámide de la Serpiente Emplumada sólo hubo un sacrificio, pero en él se masacraron más de doscientas personas. En cambio, los constructores de la Pirámide de la Luna ofrecían varios sacrificios humanos cada cincuenta años aproximadamente, a medida que ampliaban la pirámide.

Pirámide de la Luna[83]

Saburo Sugiyama y Rubén Cabrera dirigieron las excavaciones del interior de la Pirámide de la Luna y sus alrededores entre 1998 y 2004. Curiosamente, no desenterraron sacrificios humanos en las tres primeras fases de construcción de lo que hoy es el núcleo interior de la pirámide. Sugiyama cree que Teotihuacán atravesaba una transición política y militar cuando se produjo la reconstrucción de la tercera pirámide. Esta nueva capa, completada alrededor del año 250 d. C., era mucho más grande que las tres primeras. La dedicación de esta nueva pirámide implicó el sacrificio de al menos dos seres humanos. Los investigadores descubrieron un esqueleto completo de un hombre de mediana edad y alto estatus que se cree que era un prisionero de guerra, ya que el análisis de isótopos demostró que no era de Teotihuacán. También encontraron un trozo del cráneo de otra persona en la fosa de sacrificios, junto con pumas, serpientes de cascabel, aves rapaces y conchas.[i]

Los teotihuacanos renovaron la Pirámide de la Luna por cuarta vez alrededor del año 300 d. C., utilizando el estilo arquitectónico talud-tablero en la pirámide y la plataforma adosada en el frente. Aumentaron la distancia de delante a atrás en 340 pies. Dos adolescentes, un joven y un hombre de mediana edad -todos extranjeros- fueron sacrificados y enterrados con cabezas de puma, lobo, jaguar y halcón. En otra zona de sacrificios, los arqueólogos encontraron doce víctimas decapitadas con las manos atadas.

Alrededor del año 350 d. C., la Pirámide de la Luna sufrió una quinta renovación, que amplió su tamaño de este a oeste a 472 pies de ancho. Este proyecto de construcción supuso el sacrificio violento de diecisiete hombres de mediana edad. La fosa de ofrendas sólo contenía sus cráneos y restos de la tela que les habían metido en la boca para amordazarlos. El análisis del isotipo demostró que ninguno de ellos era teotihuacano nativo o residente de larga data.[ii]

En esta quinta renovación, en la cima de la pirámide, los teotihuacanos ofrecieron un sacrificio diferente e inusual de tres ancianos. La mayoría de los esqueletos de otras víctimas de sacrificio tenían las manos atadas a la espalda, pero estos tres hombres estaban sentados con las piernas cruzadas, apoyando las manos en las piernas. Dos llevaban los ornamentos pectorales de la élite maya y fueron enterrados con un águila real y dos pumas. Su honorable entierro indica que eran hombres de alto rango. El Dr. Saburo Sugiyama cree que este entierro simboliza una intrigante conexión maya-teotihuacana:

---

[i] Saburo Sugiyama and Leonardo Luján, "Dedicatory Burial/Offering Complexes at the Moon Pyramid, Teotihuacan: A Preliminary Report of 1998-2004 Explorations", *Ancient Mesoamerica*. 18 (1)(2007): 127–146. doi:10.1017/S0956536107000065. JSTOR 26309326. S2CID 54787122.

[ii] Christine D. White, et al, "Residential Histories of the Human Sacrifices at the Moon Pyramid, Teotihuacan: Evidence from Oxygen and Strontium Isotopes", *Ancient Mesoamerica* 18 (1) (2007): 159-72. http://www.jstor.org/stable/26309328.

"Creo que es importante porque, por primera vez, tenemos datos que indican una conexión entre la clase dirigente maya de Teotihuacán, en el corazón de uno de los principales monumentos de la ciudad... Tenemos que estudiar más a fondo los objetos y los huesos, pero las ofrendas sugieren claramente una relación directa entre el grupo dirigente de Teotihuacán y las familias reales mayas... Además, se encontraron en posición sentada con las piernas cruzadas, lo que es muy raro, si es que alguna vez se encuentra, en los entierros de aquí. La posición, sin embargo, puede verse en imágenes en murales, esculturas o estatuillas como sacerdotes, dioses o guerreros en Teotihuacán y otros sitios relacionados".[i]

En 2017, la tomografía de resistividad eléctrica reveló un túnel de treinta y tres pies bajo tierra que conduce desde la plaza frente a la pirámide hasta una cámara de cincuenta pies de ancho bajo la pirámide.[ii] ¿Qué yace enterrado en la habitación secreta bajo la Pirámide de la Luna? La respuesta tendrá que esperar a que los arqueólogos completen su investigación.

[i] Arizona State University, "Ceremonial Burial At Moon Pyramid Shows Teotihuacan Rulers Had Mayan Connection", *Science Daily*, October 29, 2002.

[ii] Argote, D. L., et al, "Designing the Underworld in Teotihuacan: Cave Detection beneath the Moon Pyramid by ERT and ANT Surveys", *Journal of Archaeological Science*, 118, 105141 (2020). https://doi.org/10.1016/j.jas.2020.105141.

TERCERA PARTE:
LA INFLUENCIA DE
TEOTIHUACÁN EN
MESOAMÉRICA

Capítulo 9: Relaciones con los mayas y los zapotecas

A mediados de la década de 1930, un club de fútbol de los suburbios del oeste de Ciudad de Guatemala decidió ampliar su campo de entrenamiento excavando en dos modestos terraplenes. ¡Clank! Una pala golpea algo duro. ¿Una roca? Cuando el obrero empezó a mover la tierra para desenterrarla, se dio cuenta de que no era una roca. Era un edificio antiguo. El ministro de Educación Pública invitó a tres arqueólogos de renombre a investigar.

Alfred Kidder, Jesse Jennings y Edwin Shook comenzaron sus cuidadosas excavaciones. Se emocionaron al descubrir que estaban desenterrando una antigua ciudad maya llamada Kaminaljuyu, que significa "colinas de los muertos" en lengua maya k'iche'. Descubrieron cerámica, arquitectura, santuarios y objetos funerarios. Les entusiasmó descubrir objetos que mostraban rasgos inconfundibles de Teotihuacán: cerámica, esculturas de piedra y elementos arquitectónicos talud-tablero datados entre los años 200 y 500 de nuestra era.

¿Cuál era la relación entre Teotihuacán, en el centro de México, y Kaminaljuyu, en Guatemala? ¿Conquistaron y habitaron los teotihuacanos Kaminaljuyu? A medida que los arqueólogos fueron profundizando, se dieron cuenta de que los artefactos de Teotihuacán no llegaron de repente, sino que se fueron incorporando gradualmente a las capas del yacimiento de Kaminaljuyu. Los descubrimientos en los montículos «A» y «B» tenían características típicas mayas en sus niveles más bajos, pero los dos niveles más altos presentaban el talud-tablero en las laderas de las pirámides. También estaban cubiertas de *piedrín*, un material protector hecho de piedra triturada y agua. Su uso era habitual en Teotihuacán. Las tumbas contenían obsidiana verde de Pachuca, procedente de las minas de Teotihuacán en el complejo volcánico de la Sierra de Las Navajas.[i]

Esta aparición gradual de rasgos culturales teotihuacanos en Kaminaljuyu, mezclados con artefactos mayas clásicos, apuntaba a una interacción social pacífica, probablemente basada en el comercio. Ninguna prueba sugiere que los teotihuacanos conquistaran y subyugaran Kaminaljuyu. En Teotihuacán existen numerosos ejemplos de motivos mayas junto al arte y la arquitectura clásicos teotihuacanos. Es probable que ambas civilizaciones disfrutaran de una relación mutuamente beneficiosa.

La historia de Teotihuacán plantea interrogantes sobre la opinión que los demás mesoamericanos de la época tenían de Teotihuacán. ¿La consideraban un atractivo centro económico y destino comercial, como podríamos pensar de ciudades como Ámsterdam, Guangzhou, Shangai o Tokio? ¿O temían ser engullidos por su maquinaria militar? ¿Les impresionaba el tamaño descomunal de Teotihuacán y su meticulosa planificación urbana? ¿Qué factores empujaron a los mayas, zapotecas y otras culturas a establecer sus enclaves dentro del centro cosmopolita?

Ya fuera un imperio político o comercial, Teotihuacán influyó en la mayor parte de la región mesoamericana, incluso en lugares que se encontraban a más de un mes de viaje. Murales y estelas de piedra talladas por los mayas dejan constancia de sus interacciones con los teotihuacanos. La arquitectura de estilo talud-tablero de Teotihuacán se encuentra en todo el sur de México y se extiende por las costas del Pacífico y del Golfo hasta Guatemala. ¿Se trataba de un dominio militar o de emisarios diplomáticos que renovaban lazos de amistad para promover el comercio? Esta cuestión sigue siendo objeto de debate entre los antropólogos.

El papel de Teotihuacán en el desarrollo político maya no está claro, pero ambas culturas mantenían una estrecha relación comercial. Aunque

---

[i] Edwin M. Shook and Alfred V. Kidder, "Mound E-III-3, K'aminaljuyu, Guatemala", in *Contributions to American Anthropology and History*, Vol. 9 (53) (1952): 33–127. Washington D.C.: Carnegie Institution of Washington.

Teotihuacán contaba con numerosos talleres que producían todo tipo de cerámica, también importaban cerámica maya. Muchas ciudades-estado mayas mantuvieron interacciones duraderas con Teotihuacán durante cientos de años, especialmente en la región del Petén, al sur de México, en la frontera con Belice y Guatemala.[i]

¿Hasta dónde estarías dispuesto a viajar por chocolate? Luego de que los olmecas descubrieran cómo preparar una bebida de chocolate a partir del grano de cacao, éste se convirtió en un lujo popular en Mesoamérica para preparar una bebida ritual. Los mayas incluso utilizaban las habas de cacao como moneda; ¡el dinero crecía literalmente en los árboles! Las habas de cacao más apreciadas procedían de la región del Soconusco, en el océano Pacífico, cerca de la frontera de México con Guatemala y a unos seiscientos kilómetros de Teotihuacán.

Los árboles de cacao, las montañas y los pájaros quetzales de la selva tropical aparecen en algunas cerámicas y murales de Teotihuacán, lo que implica un sólido vínculo entre Teotihuacán y el Soconusco. Teotihuacán intercambiaba obsidiana verde con la región costera del Pacífico del norte de Guatemala por pieles de jaguar, granos de cacao y coloridos penachos de pájaros. Las dos zonas también intercambiaban innovaciones artísticas e ideas religiosas.[ii]

La curiosamente llamada Plaza de las Columnas se encuentra en el lado oeste de la Avenida de los Muertos, entre las Pirámides del Sol y de la Luna. No tiene columnas, sino un complejo de tres pirámides que rodean una gran plaza central. Las excavaciones del arqueólogo Nawa Sugiyama en la Plaza de las Columnas, que comenzaron en 2015, han descubierto murales de estilo maya. El equipo también descubrió una mezcla de cerámica fina de estilo maya y teotihuacano. Creen que representa un gran festín entre mayas y teotihuacanos con motivo de la dedicación de la pirámide principal de la plaza (la cuarta más grande de Teotihuacán) entre los años 300 y 350 de nuestra era.[iii]

---

[i] Sarah C. Clayton, "Interregional Relationships in Mesoamerica: Interpreting Maya Ceramics at Teotihuacan", *Latin American Antiquity* 16, no. 4 (2005): 427. https://doi.org/10.2307/30042508.

[ii] Kenneth G Hirth., David M. Carballo, and Barbara Arroyo, *Teotihuacan: The World Beyond the City* (Washington, D.C.: Dumbarton Oaks, 2020), 422-3.

[iii] Lizzie Wade, "The Arrival of Strangers: New Evidence Points to a Clash Between Two Ancient

Gran parte de las interacciones de los teotihuacanos con los mayas consistieron en intercambios comerciales y culturales amistosos. Sin embargo, la fascinación de los teotihuacanos por los tesoros de la selva maya acabó por provocar una invasión militar de Guatemala y Honduras. La ciudad maya de Tikal, en Guatemala, se encuentra en la región del Petén, en la base de la península de Yucatán, entre México y Belice. Las inscripciones de Tikal documentan la entrada de teotihuacanos armados en el año 378 de la era cristiana.

¿Pero una invasión no habría perturbado las amistosas relaciones comerciales de Teotihuacán con otros centros mayas? Las ciudades mayas se extendían por unos 240.000 km2 en el sur de México, Guatemala, Honduras y Belice. Nunca tuvieron un imperio unificado; las ciudades-estado eran independientes. Así, Teotihuacán podía mantener una relación comercial amistosa con algunas ciudades mayas mientras conquistaba y gobernaba otras. Un estudio de los documentos escritos, los restos arqueológicos y las obras de arte de Tikal revela una violenta toma del poder en el año 378 d. C.

El arqueólogo David Stuart y la estudiosa mayista Tatiana Proskouriakoff coincidieron en que un caudillo de Teotihuacán mató al rey maya de Tikal, Chak Tok Ich'aak I (Pata de Jaguar). Las inscripciones de la ciudad dicen que un general llamado Siyaj K'ak' (Nace el Fuego) entró en la ciudad el mismo día que murió Pata de Jaguar.[i] El General Fuego Nace probablemente sirvió a las órdenes del Rey Teotihuacán Lechuza (Jatz'om Kuy o Atlatl Cauac), que según las inscripciones mayas reinó en Teotihuacán entre los años 374 y 439 de nuestra era.[ii]

Un año después de la muerte del rey Pata de Jaguar (probablemente ejecutado o muerto en batalla con los teotihuacanos), Nace el Fuego instaló a Yax Nuun Ayiin (Primer Cocodrilo) como nuevo rey de Tikal. Primer Cocodrilo, hijo de Búho Lanzavirotes, gobernó hasta su muerte en el año 404 d. C. Un retrato muestra a Primer Cocodrilo sosteniendo

---

Mesoamerican Cultures, Teotihuacan and the Maya", *Science* (February 27, 2020) https://www.science.org/content/article/astounding-new-finds-suggest-ancient-empire-may-be-hiding-plain-sight.

[i] Michael D. Coe, *The Maya (Ancient Peoples and Places Series)* (London and New York: Thames & Hudson, 1999), 90.

[ii] Wade, "The Arrival of Strangers".

un lanzavirotes teotihuacano (un átlatl) y vistiendo un tipo de tocado con borlas comúnmente representado en los murales de Teotihuacán. Aunque el arte maya suele ser realista, algunas imágenes del Primer Cocodrilo y del Búho Lanzavirotes de Tikal tienen el aspecto abstracto y bidimensional del arte de Teotihuacán.

Yax Nuun Ayiin (Primer Cocodrilo) gobernó Tikal de 379 a 404 d. C. [34]

Los arqueólogos encontraron lo que creían que era la tumba del Primer Cocodrilo bajo una pirámide de Tikal. Nueve sacrificios humanos rodeaban su cuerpo, y en la tumba yacía una copa con la inscripción "la copa del hijo del Búho Lanzavirotes". Sin embargo, el análisis de isótopos (que da una idea de la dieta de una persona a lo largo de su vida) muestra que la persona enterrada en la tumba creció en Tikal o cerca, no en Teotihuacán.

Entonces, ¿quién era Primer Cocodrilo? ¿Era un maya de los alrededores que pretendía ser un príncipe de Teotihuacán? ¿O la persona de la tumba no es Primer Cocodrilo? Tal vez Primer Cocodrilo era un príncipe teotihuacano que creció en Tikal por alguna razón; cuando alcanzó la mayoría de edad, los teotihuacanos despacharon al rey maya y coronaron a Primer Cocodrilo. Lo único que sabemos con certeza es que los mayas creían que era hijo del Búho Lanzavirotes y un príncipe de Teotihuacán.

Los antropólogos Edwin Román Ramírez y Stephen Houston publicaron su estudio de detección de luz lidar de Tikal en 2021. El software lidar reveló que lo que parecía ser una colina cubierta de enredaderas y árboles selváticos era en realidad un templo. El equipo se asombró al encontrar una réplica del complejo de Ciudadela en Teotihuacán que abarcaba el templo, excepto que era un 30 por ciento más pequeño. El complejo de Tikal utilizaba la arquitectura talud-tablero y los incensarios de estilo teotihuacano.[i]

Tras la muerte de Primer Cocodrilo, su hijo, Siyaj Chan K'awiil (Cielo de Tormenta), se convirtió en rey de Tikal en 404 y gobernó hasta su muerte en 456. El General Nace el Fuego también derrotó a la ciudad de Uaxactun, quince millas al sur de Tikal, fundando una dinastía de reyes de su propia descendencia en esa ciudad. En la generación siguiente, K'inich Yax K'uk' Mo' (Gran Sol, Pájaro Quetzal Primero), procedente de Tikal, estableció una nueva dinastía en Copán, en Honduras. Probablemente era descendiente de Primer Cocodrilo, ya que las inscripciones dicen que era extranjero y que Teotihuacán lo ordenó rey de Copán.

La firma isotópica del esqueleto de la tumba de Gran Sol muestra que vivió en Tikal, lo que tiene sentido si había crecido como príncipe real de Tikal. A diferencia del ADN, que aporta información genética, el análisis isotópico da información sobre dónde creció y vivió una persona de adulta basándose en su dieta. Además, las obras de arte lo muestran vestido al estilo teotihuacano y con ojos de anteojo, como el dios teotihuacano de la tormenta.[ii]

Un incensario de Copán que representa a Gran Sol, Pájaro Quetzal Primero[33]

[i] Stephen Houston, et al, "A Teotihuacan Complex at the Classic Maya City of Tikal, Guatemala", *Antiquity* 95, no. 384 (2021): e32. doi:10.15184/aqy.2021.140.

[ii] Wade, "The Arrival of Strangers".

En la época de la invasión de Tikal (378 d. C.), las obras de arte vandalizadas en Teotihuacán apuntan a la violencia ejercida contra los residentes mayas de Teotihuacán. Entre los años 350 y 400 d. C., los teotihuacanos arrancaron murales mayas de los muros de la Plaza de las Columnas, rayaron los rostros, rompieron los murales en pedazos y los enterraron bajo tierra. Esta destrucción se produjo cerca del momento en que los teotihuacanos sacrificaron a tres ancianos mayas de élite en la Pirámide de la Luna. Alrededor del año 350 d. C., la amistosa relación entre los teotihuacanos y los mayas residentes se vino abajo.

El equipo de Sugiyama desenterró otro oscuro hallazgo en la zona de la Plaza de las Columnas: una fosa de huesos humanos quemados de hombres, mujeres y niños. Fueron asesinados a hachazos o desmembrados poco después de morir. ¿Quién fue masacrado aquí y por qué? Algunos de los cráneos están aplanados en la parte posterior, típico del modelado craneal maya mediante el atado de las cabezas de los niños sobre una tabla. Los mayas también llevaban joyas en los dientes, y algunos de los cráneos tenían agujeros perforados en los dientes.[i]

Las relaciones de Teotihuacán con los mayas fueron complicadas, pero ¿y con los zapotecas? Sabemos que los emigrantes de Oaxaca a Teotihuacán siguieron practicando sus distintas costumbres e interactuando con sus tierras de origen. Los teotihuacanos y los zapotecas mantenían un intenso comercio, compartían una ideología religiosa fundamental e intercambiaban ideas y técnicas artísticas.

Oaxaca se encuentra al sur de Teotihuacán (con la región de Puebla entre ambas) y se extiende desde la costa del Pacífico hasta la región de Veracruz. En la época clásica de Teotihuacán, los zapotecas eran los habitantes dominantes de Oaxaca. Su capital en la cima de la montaña era Monte Albán (Montaña Blanca), que llegó a tener unos veinticinco mil habitantes. Monte Albán era su nombre en español; los zapotecas que aún vivían en la región cuando llegaron los españoles la llamaban Dani Baán o Danipaguache ("Montaña Sagrada").

Teotihuacán tenía un puesto avanzado llamado Chingdu a unos sesenta kilómetros al noroeste, cerca de lo que sería Tollan (Tula), la futura capital tolteca. Curiosamente, el análisis de sus artefactos indicó que Chingdu tenía una población mixta de zapotecas y teotihuacanos,

---

[i] Wade, "The Arrival of Strangers".

aunque Chingdu estaba a más de trescientas millas al norte de Monte Albán. En la misma zona, el pueblo de Holt Mehta también tenía una mezcla de zapotecos y teotihuacanos. ¿Por qué vivían los zapotecas tan lejos de su tierra natal? Tenían una comunidad bien documentada en Teotihuacán. ¿Los zapotecas y los teotihuacanos colonizaron conjuntamente esta región?

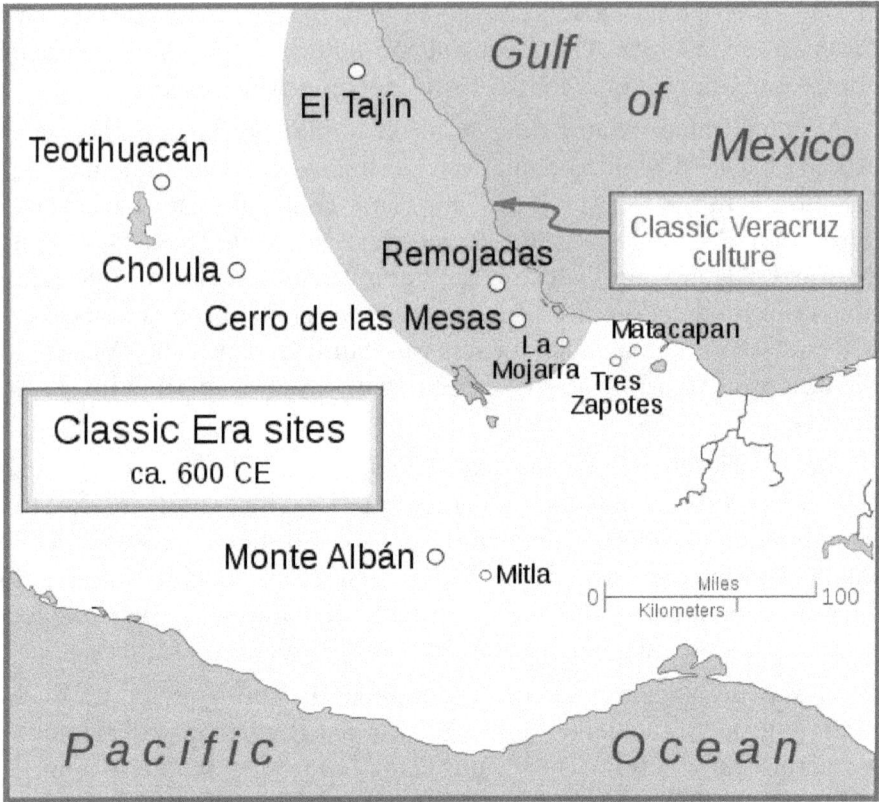

Monte Albán estaba a unas trescientas millas al sur de Teotihuacán[36]

Un estudio isotópico de 2022 sobre restos humanos indica que al menos algunos teotihuacanos también vivieron en Monte Albán.[i] Un enclave teotihuacano en la capital zapoteca pudo formar parte de su sistema de gestión comercial. Oaxaca no tenía fuentes conocidas de obsidiana, por lo que era una importación muy deseada. Los artículos de obsidiana verde extraídos de las minas de Pachuca, en Teotihuacán,

---

[i] Isabel Casar, et al, "Monte Alban and Teotihuacan Connections: Can Stable Isotope Analysis of Bone and Enamel Detect Migration between Two Ancient Mesoamerican Urban Capitals?", *Archaeological and Anthropological Sciences.*

constituían el 80% de toda la obsidiana encontrada en el valle del Río Verde, controlado por los zapotecas, en la época clásica. La región costera zapoteca de Saltillo producía conchas ornamentales, un artículo codiciado por los teotihuacanos. Teotihuacán también importaba apliques de cacao, algodón y cerámica, como las vasijas trípodes de cerámica gris de Oaxaca. Alrededor del año 250 d. C., los zapotecas de la costa reajustaron sus relaciones comerciales con otras potencias regionales para centrarse en Teotihuacán.[i]

Como Teotihuacán mantenía un próspero comercio con los zapotecas de la costa y Monte Albán, las culturas también intercambiaron ideas, como estilos arquitectónicos, obras de arte y motivos decorativos. Por ejemplo, los monumentos zapotecas de la zona costera muestran símbolos vinculados a Teotihuacán. Algunos estudiosos sostienen que Teotihuacán hizo avanzar su imperio comercial a través de alianzas estratégicas, pero también, en ocasiones, mediante la conquista y la colonización. Los zapotecas desarrollaron la escritura jeroglífica hacia el año 250 d. C., y sus monumentos documentan la "llegada" de los teotihuacanos a Monte Albán. Sin embargo, no dan información sobre lo que supuso su llegada. ¿Llegaron para comerciar o como emisarios en representación de Teotihuacán? ¿Fue un acontecimiento aislado? ¿O se trató de una invasión?

En 2002, el antropólogo Marcus Winter propuso que Teotihuacán pudo haber gobernado la capital zapoteca de Monte Albán en su periodo IIIA (200-500 d. C.) y que los teotihuacanos vivieron en la ciudad en esa época. Los investigadores han desenterrado artefactos de Teotihuacán en las ciudades costeras oaxaqueñas de Cerro de la Tortuga y Charco.[ii] El antropólogo Arthur Joyce observó "alteraciones" en los asentamientos zapotecas densamente poblados del valle del Río Verde en la costa del Pacífico. Por ejemplo, los asentamientos se trasladaron a las cimas de las colinas y construyeron murallas defensivas, y algunas ciudades fueron incendiadas o abandonadas abruptamente. Cree que las incursiones de Teotihuacán pudieron causar la agitación en la región.

---

[i] Arthur A. Joyce, "Interregional Interaction and Social Development on the Oaxaca Coast", *Ancient Mesoamerica*. 4, no. 1 (1993): 67-84. http://www.jstor.org/stable/26307326.

[ii] García-Des Lauriers and Murakami, *Teotihuacan and Early Classic Mesoamerica*.

Las relaciones de Teotihuacán con los mayas y los zapotecas giraban en torno al deseo de obtener productos exóticos como granos de cacao, conchas ornamentales y algodón. Aunque Teotihuacán gobernaba algunas ciudades mayas de Guatemala y posiblemente de Honduras, también mantenía relaciones comerciales con otras ciudades-estado mayas de México y América Central. Los zapotecas mantenían estrechas relaciones comerciales con los teotihuacanos y coexistieron pacíficamente con ellos en Teotihuacán y la región de Tollan. Es posible que Teotihuacán ejerciera cierto control político sobre partes de Oaxaca, pero se necesitan pruebas concluyentes.

Las tres culturas compartían deidades y rituales religiosos similares, incluidos sacrificios humanos y de animales. Al interactuar a través del comercio, se beneficiaron del intercambio de ideas y tecnologías. A pesar de ser la ciudad más grande de América y gobernar un vasto imperio comercial, Teotihuacán nunca desarrolló el nivel de escritura que alcanzaron los mayas y los zapotecas. Sólo disponemos del registro arqueológico y de algunas inscripciones mayas y zapotecas para conocer la historia, la religión y la política de Teotihuacán.

Capítulo 10: Influencia sobre los aztecas

Para los aztecas, Teotihuacán era el lugar donde nacían los dioses. Era el lugar místico donde un dios humilde se arrojó al fuego y se convirtió en el sol, dando origen a la quinta y última creación del mundo. Cuando los aztecas contemplaron la ciudad por primera vez, debieron de quedarse sin aliento. Nunca habían visto una ciudad de esta magnitud y orden. Aunque la ciudad se estaba desmoronando, las altísimas pirámides y los majestuosos templos provocaban asombro.

¿Qué ocurrió en los seis siglos transcurridos entre la caída de Teotihuacán y la llegada de los aztecas? En ese tiempo, la selva reclamó muchas ciudades mayas, algunas redescubiertas ahora gracias a la tecnología de imágenes lidar. Pero las pirámides y monumentos antiguos de Teotihuacán se alzaban sobre el valle semiárido de las tierras altas. Siguió en pie mucho después de que el Imperio azteca se levantara y cayera ante los españoles. El análisis de la cerámica realizado por el Proyecto de Cartografía de Teotihuacán muestra que Teotihuacán volvió a ser una ciudad-estado vital en la época azteca, y que continuó siéndolo tras la llegada de los españoles.[i]

---

[i] Christopher P. Garraty, "Aztec Teotihuacan: Political Processes at a Postclassic and Early Colonial City-State in the Basin of Mexico", *Latin American Antiquity* 17, no. 4 (2006): 36. https://doi.org/10.2307/25063064.

Teotihuacán nunca fue abandonada del todo durante el periodo Epiclásico (600-900 d. C.). Tras su colapso en el año 650 d. C., un resto de la población continuó viviendo en la ciudad. Seguía siendo la única zona urbana importante del valle de Teotihuacán, un subvalle de la cuenca de México. La población se recuperó lentamente en el periodo Epiclásico, con una población estimada de unos treinta mil habitantes hacia el año 900 de nuestra era. Pero el dominio político del centro de México había cambiado. Los nuevos actores principales eran la ciudad tolteca de Tollan, en el noroeste, y la ciudad otomí de Otompan (Xaltocan), a unas sesenta millas al este de Teotihuacán.[i]

El arte teotihuacano de esta época era ecléctico e incorporaba nuevos estilos a los motivos tradicionales de Teotihuacán, lo que sugería un cambio gradual de etnia. El arte de Teotihuacán seguía representando a la Serpiente Emplumada y un lugar de origen mítico llamado Tollan. Tollan era el nombre de la ciudad cercana de los toltecas, que significa "entre los juncos", y que algunos estudiosos creen que era el nombre original de Teotihuacán. Los jeroglíficos mayas llamaban a Teotihuacán "Puh" o "entre los juncos".[ii]

En el siglo VIII, sucesivas oleadas de chichimecas de habla náhuatl invadieron el valle de Teotihuacán y acabaron dominando la cuenca de México. Los chichimecas eran feroces nómadas procedentes de los duros desiertos del noroeste de México, sin ciudades ni lengua escrita. Abandonaron su vida errante y se asentaron en el centro de México, un entorno más acogedor. Establecieron sus primeros asentamientos en los límites de la influencia de Teotihuacán.

Los aztecas afirmaban ser chichimecas, pero también decían que originalmente vivían en Aztlán, una misteriosa ciudad-isla situada en un gran lago del noroeste de México. Su mitología decía que siete tribus salieron de siete cuevas dentro de una gran montaña en el centro de la isla. Una a una, estas siete tribus aztecas abandonaron la isla. Emigraron hacia el centro de México: Xochimilca, Tlahuica, Acolhua, Tlaxcalteca, Tepaneca, Chalca y Mexica. La última tribu en partir fue la mexica, que acabó convirtiéndose en la tribu más poderosa y cabeza del Imperio azteca.

---

[i] Susan Toby Evans, "Aztec-period Political Organization in the Teotihuacan Valley: Otumba as a City-State", *Ancient Mesoamerica* 12, no. 1 (2001): 90. http://www.jstor.org/stable/26308189.

[ii] Nichols, "Review of Teotihuacan", *Latin American Antiquity*, 335–36.

Los toltecas eran una tribu chichimeca que no era azteca. Los toltecas, famosos por su arte y artesanía, se asentaron en Tollan (Tula) hacia el año 700 d. C., a unos sesenta kilómetros al noroeste de Teotihuacán, cerca de las ciudades teotihuacano-zapotecas de Chingdu y Holt Mehta. Un análisis de los diseños de la cerámica muestra que Tollan estaba bajo la influencia de Teotihuacán cuando llegaron los toltecas, pero la cultura tolteca tomó el relevo. Los toltecas construyeron una nueva Tollan (Tula Grande), que llegó a tener unos sesenta mil habitantes y se convirtió en el centro neurálgico del centro de México.

Alrededor de la época de la caída de Teotihuacán, el rey Ixtlilcuechahua comenzó a expandir el territorio tolteca, aprovechando el vacío de poder. Aproximadamente un siglo después, el rey-sacerdote Ce Acatl Topiltzin Quetzalcoatl gobernó a los toltecas. Sus abuelos maternos, posiblemente de Teotihuacán, le enseñaron a venerar a la Serpiente Emplumada o Quetzalcóatl. El rey estaba tan fascinado con la deidad que adoptó su nombre, pero prohibió los sacrificios humanos que a menudo se asociaban con Quetzalcóatl.

Luego de que Topiltzin Quetzalcoatl gobernara sobre los toltecas como un rey sabio durante muchos años, Tezcatlipoca, el dios del humo y los espejos, engañó a Topiltzin y a su hermana para que bebieran alucinógenos. A la mañana siguiente, se despertaron desnudos uno junto al otro. Avergonzado y humillado, Topiltzin abdicó de su trono y vagó sin rumbo por México, apuñalándose continuamente en un ritual de derramamiento de sangre para expiar su pecado.

Cuando llegó al golfo de México, construyó una balsa y remó mar adentro, jurando volver al mismo lugar en el Año de la Caña Única. El calendario mesoamericano seguía un ciclo de cincuenta y dos años, siendo "una caña" el primer año de cada ciclo, "dos cañas" el segundo año, y así sucesivamente. Así, cuando el barco de Hernán Cortés llegó en 1519, era un año de "una caña", comenzando un nuevo ciclo. Algunos mesoamericanos pensaron que Cortés era el gran rey Topiltzin Quetzalcoatl que regresaba.

Tras la partida de Topiltzin Quetzalcoatl, los toltecas volvieron a practicar los sacrificios humanos. El conflicto por este motivo desembocó en una brutal guerra civil que diezmó su población, dejándolos vulnerables a la invasión de otras tribus chichimecas. Tras el ataque de los chichimecas, que quemaron su pirámide y su templo hacia el año 1150 d. C., los toltecas abandonaron Tollan. Algunos se reasentaron en la orilla occidental del lago de Texcoco, en Chapultepec, antigua ciudad de Teotihuacán. Otros se asentaron en la península de Yucatán.

Mientras tanto, entre los años 900 y 1200 d. C., el valle de Teotihuacán experimentó un aumento de población con la aparición de pequeñas aldeas. Uno de ellos fue Otumba, a 16 km al este de Teotihuacán, habitado por los otomíes, posiblemente chichimecas pero no aztecas. Otumba creció hasta convertirse en una poderosa ciudad que, siglos más tarde, se deshizo del control azteca y dominó el norte del valle de Teotihuacán. Otumba acudió en ayuda de los aztecas contra los españoles, pero perdió una batalla decisiva. Después de que su pueblo suplicara y recibiera el perdón de Cortés, Otumba continuó siendo un centro comercial estratégico durante la época colonial.

Otra tribu de habla náhuatl, la rama acolhua de los aztecas, entró en el valle de México hacia el año 1200 de nuestra era. Se hicieron con el control de la ciudad de Texcoco, a unos dieciséis kilómetros al sur de Teotihuacán, en el lago Texcoco. A principios del siglo XIII, los acolhua-aztecas sometieron a Teotihuacán y la incorporaron a la confederación acolhua. Integraron Teotihuacán y el valle superior de Teotihuacán en la ciudad-estado de Otumba, que también estaba bajo su control.

Cuatro guerreros aztecas del Códice Mendoza, escrito hacia 1541 [87]

Mientras los acolhuas afirmaban su poder en el sur del valle de Teotihuacán, los otomíes, en las estribaciones del norte del valle de Teotihuacán, establecieron haciendas de cultivo de maguey en terrazas. Los mesoamericanos utilizaban la fibra del maguey o del agave para fabricar cuerdas, redes de pesca, esteras y hamacas. Fabricaban papel de maguey, sobre el que pintaban sus códices o historias pictóricas. La savia del maguey tiene propiedades antibióticas y los aztecas la mezclaban con sal para hacer compresas para heridas. Los toltecas y los aztecas elaboraban una bebida alcohólica llamada pulque con los tallos de las flores de maguey.

Aproximadamente en la misma época en que los toltecas huyeron de Tollan, los mexica-aztecas, otra tribu de habla náhuatl, abandonaron su isla de Aztlán, en el noroeste de México, y vagaron durante un siglo entre las espinas de los cactus y los lagartos venenosos del abrasador desierto. Decían descender de una deidad o jefe llamado Mixcoatl, que según los toltecas era el padre del rey Ce Acatl Topiltzin. Eran parientes cercanos de los acolhua-aztecas y más tarde se aliaron con ellos para formar la Triple Alianza Azteca. Según los mexica-aztecas, llegaron a Tollan alrededor del año 1250 de nuestra era. Vivieron en la ciudad, en su mayor parte desierta, durante veinte años, absorbiendo la rica cultura dejada atrás y casándose con los pocos toltecas que aún quedaban en la zona.

A continuación, los mexica-aztecas se adentraron en la región del lago de Texcoco, pasando por Teotihuacán. Aunque quedaron asombrados por la magnífica ciudad, no se detuvieron como en Tollan. En su lugar, continuaron hacia el sur, donde se abrirían camino hasta la cima para controlar el sistema lacustre y, en última instancia, toda la cuenca de México. Tras formar la Triple Alianza Azteca con otras dos tribus azteca-chichimecas, crearon un imperio a principios del siglo XIV. Gobernaron el centro y el sur de México hasta la llegada de los españoles, aproximadamente un siglo después.

En 1545, el franciscano Bernardino de Sahagún inició una investigación etnográfica sobre Mesoamérica, entrevistando a hombres de élite de habla náhuatl, en su mayoría aztecas. El *Códice Florentino* (*Historia General de las Cosas de Nueva España*) recoge sus investigaciones en doce libros escritos tanto en español como en náhuatl. Los frailes franciscanos aprendieron el náhuatl y lo convirtieron al alfabeto latino (utilizado para el inglés y otras lenguas de Europa occidental).

Cuando Sahagún les preguntó a los aztecas qué sabían de Teotihuacán, le dijeron:

"Era el lugar de enterramiento de los gobernantes. Porque se dice: 'Cuando morimos, no morimos verdaderamente, porque estamos vivos, porque volvemos a la vida, porque aún vivimos, porque despertamos'... Así, los ancianos decían: 'El que murió se convirtió en dios'".[i]

Sahagún dejó constancia de que los aztecas creían que las primeras leyes surgieron en Teotihuacán. También pensaban que en Teotihuacán vivieron gigantes, suponiendo que los hombres corrientes no podían haber construido los grandes monumentos:

"Y así construyeron montículos muy grandes al Sol y a la Luna, como si fueran montañas. Es increíble que digan que fueron hechos a mano, pero en esa época aún vivían gigantes".[ii]

El emperador azteca Moctezuma II (L) en el Códice Florentino [38]

Los aztecas consideraban a Teotihuacán como el epicentro de la creación, dando a la ciudad el nombre que hoy le damos, que significaba "el lugar donde surgieron los dioses". También les intrigaba su modelo de planificación urbana. Pensaron en Teotihuacán como el arquetipo de

---

[i] Fray Bernardino de Sahagún, *Historia General de las Cosas de Nueva España*", ed. Francisco del Paso y Troncoso (Madrid: Fototipia de Hauser y Menet, 1905), book 10, folio 142v-143.

[ii] Sahagún, *Historia General*, book 10, folio 142v.

su ciudad de Tenochtitlan, aunque la capital azteca nunca se acercó al tamaño y la grandeza de la antigua metrópolis. Los aztecas veneraban a los teotihuacanos primigenios que construyeron la magnífica ciudad.

La realeza azteca peregrinaba regularmente a Teotihuacán, al parecer cada veinte días, durante el reinado de Moctezuma II, quien ostentaba el cargo de emperador cuando Hernán Cortés invadió México. Los sacerdotes aztecas construyeron altares y ofrecieron sacrificios a su dios del Sol, Huitzilopochtli, al pie de lo que llamaron la Pirámide del Sol. Descubrieron uno de los túneles ocultos de la pirámide y exploraron sus profundidades. Encontraron exquisita cerámica e impresionantes máscaras de piedra, que llevaron a su capital, Tenochtitlan, e instalaron en el Templo Mayor.[i]

Los acolhua-aztecas de Texcoco integraron a Teotihuacán en su propia ciudad-estado. Pero se convirtió en una ciudad-estado oficial propia en 1409, con el príncipe acolhua Huetzin como primer *tlatoani* o rey azteca. Huetzin era de linaje tolteca y acolhua, pero sólo reinó nueve años. Los tepanecas, otra tribu azteca, invadieron la zona, mataron a Huetzin y tomaron el control de Teotihuacán. En 1418, Totomochtzin, un príncipe tepaneca, fue nombrado rey de Teotihuacán.

El dominio tepaneca de Teotihuacán terminó abruptamente en 1427, cuando tres grandes ciudades-estado aztecas formaron la Triple Alianza. Texcoco, Tenochtitlan y Tlacopan unieron sus fuerzas para hacerse con el control de la cuenca de México, creando el Imperio azteca. Tlacopan era un actor menor en comparación con los mexica-aztecas de Tenochtitlan y los acolhua-aztecas de Texcoco. Texcoco recuperó Teotihuacán y la mayoría de las demás ciudades-estado al este del lago Texcoco en 1434.

Los mexica-aztecas impusieron el culto a su dios solar Huitzilopochtli en todas las ciudades-estado del Imperio azteca. Por lo demás, la mayoría de las ciudades-estado, incluida Teotihuacán, gozaban de relativa independencia. Podían elegir a su propio rey y disfrutar de estabilidad política, lo que propiciaba un comercio rentable. Podían adorar a sus propios dioses siempre que hicieran de Huitzilopochtli el dios principal. Teotihuacán tenía que pagar tributo dos veces al año, que incluía mantos de algodón, taparrabos, faldas y trajes de guerrero. El algodón probablemente procedía de Morelos, ya tejido en tela, que los

---

[i] Robb, *Teotihuacan: City of Water*, 13.

teotihuacanos cosían en prendas. El tributo también incluía jarabe de maguey, chiles, miel y piedra caliza. Además, aportaban un cierto número de guerreros para las campañas del imperio.[i]

Teotihuacán tenía su propio *tlatoani* (rey), pero operaba bajo el señorío del sabio y longevo Nezahualcóyotl, que transformó la parte de Texcoco del Imperio azteca en un centro cultural. Nezahualcóyotl era poeta, vidente e ingeniero. Desarrolló brillantes innovaciones en irrigación y reunió *tlamatini*: astrónomos, filósofos, sabios y eruditos que provocaron un renacimiento cultural en Texcoco. Nezahualcóyotl adoraba a Tloque Nahuaque, el dios desconocido y creador increado, y odiaba los sacrificios humanos. Pero el sangriento ritual continuó con regularidad en la capital mexica-azteca de Tenochtitlan.

Nezahualcóyotl, señor de Teotihuacán [39]

---

[i] Evans, "Aztec-period Political Organization", 95.

Como ciudad-estado autónoma bajo el dominio de los acolhuas-aztecas de Texcoco, Teotihuacán disfrutó de las estrategias de ingeniería social de los acolhuas, de la interacción con otras ciudades-estado del centro de México y de un mayor comercio y acceso a materiales. Teotihuacán siempre fue una ciudad multiétnica y continuó teniendo una mezcla de culturas. El análisis de la cerámica muestra que los teotihuacanos de la época clásica probablemente estaban casi extinguidos. Los aztecas tenían un sistema de escritura simplista y llevaban meticulosos registros, pero no escribieron nada sobre la historia de la antigua Teotihuacán. Al parecer, era un misterio tanto para ellos como para nosotros.

Cuando Cortés desembarcó en México en 1519, los aztecas controlaban unas cincuenta ciudades-estado en la cuenca de México, incluida Teotihuacán. Los aztecas construyeron una muralla alrededor de la principal zona ceremonial de Teotihuacán, quizá para protegerla de los saqueadores o para impedir que los plebeyos accedieran al lugar sagrado. El Proyecto de Cartografía de Teotihuacán encontró abundante cerámica azteca, lo que demuestra que los aztecas vivían en la parte residencial de Teotihuacán. La ausencia de cerámica azteca cerca de las pirámides indica que el centro de la ciudad probablemente permaneció vacío, excepto para los actos ceremoniales de la realeza y los sacerdotes aztecas.[i]

Cuando llegaron los españoles, vivían en Teotihuacán unos cinco mil aztecas, que gobernaban unas cuarenta millas cuadradas de tierras de cultivo y aldeas del valle de Teotihuacán, con una población total de unos catorce mil habitantes para la ciudad-estado. En aquel momento existían otras cinco ciudades-estado aztecas en el valle de Teotihuacán, con una población total de unos 130.000 habitantes. Esta cifra se desplomaría rápidamente con la llegada de los conquistadores.

Los españoles trajeron enfermedades víricas y bacterianas a las que los aztecas y otros pueblos indígenas nunca habían estado expuestos: viruela, sarampión, fiebre tifoidea e influenza. Oleadas de epidemias arrasaron las ciudades aztecas, destrozando la cuenca de la población de México. En el primer año tras el desembarco de Cortés en México, cerca del 40% de los habitantes de la capital azteca de Tenochtitlan murieron de viruela. En cincuenta años, al menos una cuarta parte de

---

[i] Garraty, "Aztec Teotihuacan", 365.

los aztecas y otros habitantes de la cuenca de México perecieron a causa de estas enfermedades contra las que no tenían inmunidad adquirida.

Una vez que los españoles conquistaron a los aztecas en 1521, organizaron su nueva administración. Teotihuacán se convirtió en uno de los cuatro centros administrativos regionales del antiguo régimen acolhua. Los españoles introdujeron caballos y nuevas tecnologías, como el transporte sobre ruedas. Los frailes franciscanos trajeron el catolicismo y registraron las historias de la población indígena.

Desgraciadamente, en menos de un siglo, las enfermedades, los reasentamientos y la hambruna provocada por una sequía redujeron la población indígena del valle de Teotihuacán, antaño floreciente, a sólo el 10% de su número anterior. Mientras tanto, multitud de colonos españoles llegaron para desplazar a los indígenas. Teotihuacán había sido testigo del auge y la caída de múltiples culturas; ahora, comenzaba un nuevo capítulo para la ciudad bimilenaria.

Conclusión

Gran parte de Teotihuacán sigue siendo un misterio, pero su influencia en Mesoamérica fue espectacular. Su crecimiento hasta convertirse en una ciudad vasta y populosa y sus impresionantes logros sirvieron de ejemplo a otras civilizaciones. La importancia de Teotihuacán como centro religioso y comercial y su papel en la urbanización de la región dejaron huella en la historia. Podemos encontrar correlaciones con los centros urbanos actuales y aprender de los éxitos y fracasos de Teotihuacán.

¿Cómo creció Teotihuacán hasta convertirse en la mayor metrópoli de América y una de las diez más grandes del mundo? Los teotihuacanos no pueden atribuirse todo el mérito, ya que la naturaleza desempeñó un papel, y los volcanes expulsaron a la población de sus antiguas ciudades. Pero Teotihuacán acogió a emigrantes de cerca y de lejos, estableciendo barrios para diferentes grupos tribales. Los emigrantes podían sentirse cómodos en barrios con personas de su misma cultura y lengua, a la vez que ponían en práctica sus habilidades específicas en la extraordinaria variedad de talleres de la ciudad.

Teotihuacán también se embarcó en un innovador proyecto de vivienda para prácticamente toda la ciudad, sin precedentes para la época e incluso hoy en día. Su sistema de viviendas de una sola planta para más de 100.000 personas ofrecía unas condiciones de vida cómodas y ordenadas, y sigue siendo un ejemplo de planificación urbana en la actualidad. Durante su historia temprana y media, todos los habitantes de la megaciudad tenían suficiente para comer, lo que indica el éxito de las técnicas de irrigación y agricultura.

Teotihuacán tendía a hacerlo todo a gran escala. Cuando se construyó, la Pirámide del Sol era la más alta de México y la segunda de Mesoamérica. Sin embargo, los teotihuacanos la construyeron sin rueda ni bestias de carga. Su vasta red comercial se extendía en un radio de más de mil millas, desde el océano Pacífico hasta la costa del Golfo y hasta Guatemala, Honduras y Belice. Administró con éxito su enorme entorno cosmopolita y produjo impresionantes obras de arte: templos asombrosos, murales brillantes, cerámica exquisita y figurillas intrigantes.

Teotihuacán fue el centro religioso más importante de Mesoamérica y sirvió de animado centro comercial para múltiples culturas. Fue el principal centro de culto de la cuenca de México y atrajo a peregrinos de todo México y Centroamérica. Incluso después de su caída, los aztecas viajaban hasta allí para ofrecer sacrificios y rezar en la Pirámide del Sol. Como núcleo comercial de Mesoamérica, exportaba obsidiana y otros productos elaborados en sus numerosos talleres, al tiempo que importaba materias primas, artículos de lujo y alimentos para su población. Teotihuacán aprovechó su población multiétnica para cultivar socios comerciales amistosos y se enriqueció en el proceso.

Teotihuacán fue el único centro urbano del valle de Teotihuacán en su apogeo. Aun así, desempeñó un papel en la urbanización de una zona más amplia: el resto de la cuenca de México y, más al sur, las zonas zapoteca y maya. Contaba con un dinámico proceso de interconexión y multitudes de personas que iban y venían por motivos comerciales y religiosos. Teotihuacán sirvió de modelo de desarrollo urbano y tenía una economía próspera con estrategias de éxito para mantener a su enorme población.

¿Cuáles son las claves de la exitosa urbanización de Teotihuacán? ¿Cómo podemos relacionar la antigua metrópolis con las grandes ciudades actuales? Pensemos en los componentes de una buena ciudad. El primero sería un liderazgo fuerte y eficaz. El antropólogo Cowgill estaba convencido de que Teotihuacán tuvo un gobernante dinámico y poderoso (o probablemente una serie de monarcas fuertes) durante su frenética construcción de pirámides y viviendas urbanas. Estos líderes tenían una visión y la capacidad de convencer a la gente para captar esa visión y ponerla en práctica.

Una vez finalizados los proyectos de construcción, es posible que Teotihuacán pasara a contar con un consejo de liderazgo más centrado en los problemas colectivos del pueblo y no en la gloria de la ciudad. Un consejo de liderazgo colectivo valoraría la diversidad de su pueblo al tiempo que proporcionaría a todos una calidad de vida decente. Un consejo así podría estar más comprometido con la gente corriente y ser más consciente de sus necesidades. Ambos tipos de liderazgo son esenciales para una ciudad próspera hoy en día, dependiendo de en qué punto de su desarrollo se encuentre el centro urbano y de sus retos específicos.

¿Qué podemos aprender de Teotihuacán sobre cómo prosperar en un estilo de vida urbano? Hoy en día, muchos habitantes de las ciudades se sienten aislados en medio de la multitud, ya que no tienen conexiones significativas con los demás a su alrededor. Por eso los complejos habitacionales de Teotihuacán eran tan ingeniosos. Reunían a pequeños grupos de unas sesenta personas o más con vínculos de parentesco o étnicos. En su "barrio", estaban aislados del bullicio y el ruido de la ciudad. Todos se conocían y probablemente estaban conectados al mismo taller. Podían cultivar macetas de flores y hortalizas, los niños podían correr sin peligro bajo el sol, y había camaradería y apoyo mutuo.

Teotihuacán nos recuerda los múltiples beneficios de conocer la historia de nuestro mundo. Del estudio del pasado extraemos ideas que podemos aplicar en nuestro presente y nuestro futuro. Nos ayuda a darnos cuenta de que no hay "una sola manera" de hacer las cosas correctamente. Pero también podemos aprender de los fracasos del pasado. Aunque no podemos estar totalmente seguros de lo que ocurrió durante el declive de Teotihuacán, el análisis de los esqueletos indica que la ciudad experimentó una escasez de alimentos. Es posible que los cambios medioambientales ralentizaran la producción agrícola, pero al parecer los dirigentes no supieron atajar el problema.

Los dirigentes podrían haber reducido su población estableciendo colonias en otras partes del valle de Teotihuacán o incluso más lejos. Quizá fue eso lo que hicieron y por lo que la población disminuyó en el siglo pasado. Podrían haber aumentado las importaciones de grano y pescado seco de otras regiones. La casi inanición que padeció la población pudo provocar disturbios y revueltas en el centro administrativo y religioso de la ciudad, ya que se quemaron los templos y palacios. En la actualidad, muchas ciudades se enfrentan a protestas y actos de violencia que amenazan su existencia. Teotihuacán puede ser un ejemplo de lo que *no se* debe hacer ante tales desafíos urbanos.

Y sin embargo, aunque Teotihuacán "sucumbió", continuó, a escala reducida, a través de múltiples cambios de liderazgo y de población en la cuenca de México. Fue testigo del auge y la caída de los toltecas y se asimiló al Imperio azteca. Llegó a ser un centro administrativo regional en la época colonial española, pero casi fue arrasada por las enfermedades y el hambre. Hoy, la historia de Teotihuacán forma parte de la identidad y el honor de México. Más de cuatro millones de visitantes acuden cada año a la ciudad para conocer el extraordinario legado de Teotihuacán.

Vea más libros escritos por Enthralling History

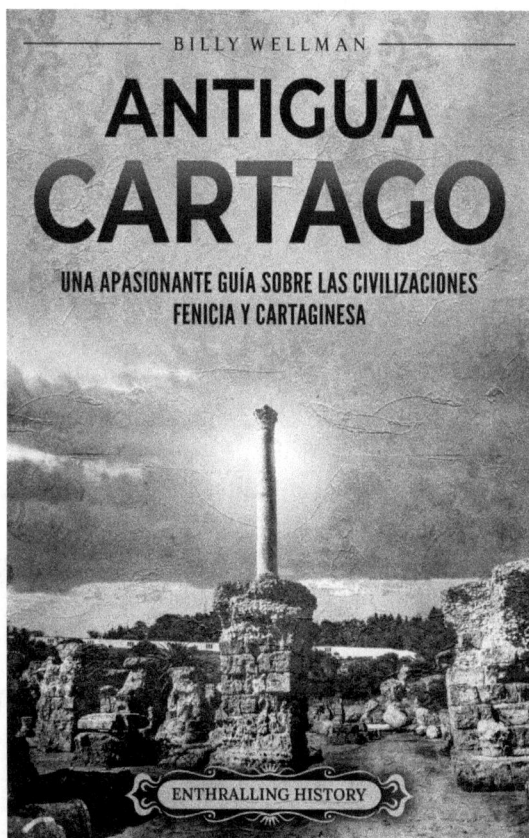

BILLY WELLMAN

ANTIGUA CARTAGO

UNA APASIONANTE GUÍA SOBRE LAS CIVILIZACIONES FENICIA Y CARTAGINESA

ENTHRALLING HISTORY

Referencias

Argote, D. L., A. Tejero-Andrade, M. Cárdenas-Soto, G. Cifuentes-Nava, R. E. Chávez, E. Hernández-Quintero, A. García-Serrano, A., and V. Ortega. "Designing the Underworld in Teotihuacan: Cave Detection beneath the Moon Pyramid by ERT and ANT Surveys". *Journal of Archaeological Science*, 118, 105141 (2020). https://doi.org/10.1016/j.jas.2020.105141

Arizona State University. "Ceremonial Burial at Moon Pyramid Shows Teotihuacan Rulers Had Mayan Connection", *Science Daily*. October 29, 2002.

Braswell, Geoffrey E., ed. *The Maya and Teotihuacan: Reinterpreting Early Classic Interaction*. Austin: University of Texas Press, 2003.

Carballo, David M. "The Social Organization of Craft Production and Interregional Exchange at Teotihuacan". In *Merchants, Markets, and Exchange in the Pre-Columbian World*, ed. Kenneth D. Hirth, 113-140. Dumbarton Oaks Pre-Columbian Symposia and Colloquia, 2013. https://sites.bu.edu/patt-es/files/2014/10/Carballo2013_Merchants.pdf

Carballo, David M. "Urban Life on Teotihuacan's Periphery – New Research at the Tlajinga District". *Ancient Mesoamerica* 30, no. 1 (2019): 91-94. doi:10.1017/S0956536118000500.

Carballo, David M. *Urbanization and Religion in Ancient Central Mexico*. New York: Oxford University Press, 2016.

Casar, I., L. Márquez, and E. Cienfuegos. "Monte Alban and Teotihuacan Connections: Can Stable Isotope Analysis of Bone and Enamel Detect Migration between Two Ancient Mesoamerican Urban Capitals?" *Archaeological and Anthropological Sciences*

Clayton, Sarah C. "Interregional Relationships in Mesoamerica: Interpreting Maya Ceramics at Teotihuacan", *Latin American Antiquity* 16, no. 4 (2005): 427-48. https://doi.org/10.2307/30042508.

Coe, Michael D. *The Maya (Ancient Peoples and Places Series).* London and New York: Thames & Hudson, 1999.

Coggins, Clemency Chase. "Creation Religion and the Numbers at Teotihuacan and Izapa". *RES: Anthropology and Aesthetics*, no. 29/30 (1996): 16-38. http://www.jstor.org/stable/20166942

Cowgill, George L. *Ancient Teotihuacan: Early Urbanism in Central Mexico (Case Studies in Early Societies).* Cambridge: Cambridge University Press, 2015.

Cowgill, George L. "State and Society at Teotihuacan, Mexico", *Annual Review of Anthropology* 26 (1997): 129-61. http://www.jstor.org/stable/2952518.

Day, Jane Stevenson, Kristi Butterwick, and Robert B. Pickering. "Archaeological Interpretations of West Mexican Ceramic Art from the Late Preclassic Period: Three Figurine Projects", *Ancient Mesoamerica* 7, no. 1 (1996): 149-61. http://www.jstor.org/stable/26307287.

Demarest, Arthur. *Ancient Maya: The Rise and Fall of a Forest Civilization.* Cambridge: Cambridge University Press, 2004. ISBN 978-0-521-53390-4. OCLC 51438896

Department of the Arts of Africa, Oceania, and the Americas. "Teotihuacan". In *Heilbrunn Timeline of Art History.* New York: The Metropolitan Museum of Art, October 2001. http://www.metmuseum.org/toah/hd/teot/hd_teot.htm

Evans, Susan Toby. "Aztec-period Political Organization in the Teotihuacan Valley: Otumba as a City-State". Ancient Mesoamerica 12, no. 1 (2001): 89-100. http://www.jstor.org/stable/26308189

Follensbee, Billie J. A. "Fiber Technology and Weaving in Formative-Period Gulf Coast Cultures". *Ancient Mesoamerica* 19, no. 1 (2008): 87-110. http://www.jstor.org/stable/26309219

García-Des Lauriers, Claudia, ed. and Tatsuya Murakami, ed. *Teotihuacan and Early Classic Mesoamerica: Multiscalar Perspectives on Power, Identity, and Interregional Relations.* Louisville: University Press of Colorado, 2021.

Garraty, Christopher P. "Aztec Teotihuacan: Political Processes at a Postclassic and Early Colonial City-State in the Basin of Mexico". *Latin American Antiquity* 17, no. 4 (2006): 363-87. https://doi.org/10.2307/25063064

Grennes-Ravitz, Ronald A., and G. H. Coleman. "The Quintessential Role of Olmec in the Central Highlands of Mexico: A Refutation". *American Antiquity* 41, no. 2 (1976): 196-206. https://doi.org/10.2307/279172.

Gruner, Erina, and John Hodgson. "Precursor to Teotihuacan?" *Archaeology* 59, no. 2 (2006): 9-9. http://www.jstor.org/stable/41780063.

Hassig, Ross. *War and Society in Ancient Mesoamerica*. Berkeley: University of California Press, 1992.

Headrick, Annabeth. *The Teotihuacan Trinity: The Sociopolitical Structure of an Ancient Mesoamerican City (The William and Bettye Nowlin Series in Art, History, and Culture of the Western Hemisphere)*. Austin: University of Texas Press, 2017.

Hirth, Kenneth G., David M. Carballo, and Barbara Arroyo. *Teotihuacan: The World Beyond the City*. Washington, D.C.: Dumbarton Oaks, 2020.

Houston, Stephen, Edwin Román Ramírez, Thomas G. Garrison, David Stuart, Héctor Escobedo Ayala, and Pamela Rosales. "A Teotihuacan Complex at the Classic Maya City of Tikal, Guatemala", *Antiquity* 95, no. 384 (2021): e32. doi:10.15184/aqy.2021.140.

Joyce, Arthur A. "Interregional Interaction and Social Development on the Oaxaca Coast". *Ancient Mesoamerica*. 4, no. 1 (1993): 67–84. http://www.jstor.org/stable/26307326

Lachniet, Matthew S., and Juan Pablo Bernal-Uruchurtu. "AD 550–600 Collapse at Teotihuacan: Testing Climatic Forcing from a 2400-Year Mesoamerican Rainfall Reconstruction", In *Megadrought and Collapse: From Early Agriculture to Angkor*, edited by Harvey Weiss, 183–204. New York: Oxford Academic, 2017. https://doi.org/10.1093/oso/9780199329199.003.0006.

"Mammoth Traps near Mexico City Are First Ever Found". *Mexico News Daily*. November 8, 2019. https://mexiconewsdaily.com/news/mammoth-traps-near-mexico-city-are-first-ever-found/

Manzanilla, Linda R. "Cooperation and Tensions in Multi-ethnic Corporate Societies Using Teotihuacan, Central Mexico, as a Case Study". *Proceedings of the National Academy of Sciences*. 112, no.30 (March 2015): 9210-15.

Moran, Barbara. "Lessons from Teo", *The Brink: Boston University*, 2015. https://www.bu.edu/articles/2015/archaeology-teotihuacan-mexico/

Nichols, Deborah L. "Review of Teotihuacan and the Development of Postclassic Mesoamerica, by Davíd Carrasco, Lindsay Jones, Scott Sessions, and Kenneth G. Hirth". *Latin American Antiquity* 12, no. 3 (2001): 334–36. https://doi.org/10.2307/971638

Pasztory, Esther. "Still Invisible: The Problem of the Aesthetics of Abstraction for Pre-Columbian Art and Its Implications for Other Cultures". *Anthropology and Aesthetics*. 104 (1990-1991): 19-20. https://doi.org/10.1086/RESvn1ms20166829

Pasztory, Esther. *Teotihuacan: An Experiment in Living*. Norman: University of Oklahoma Press, 1997.

Pre-Hispanic City of Teotihuacan. UNESCO: World Heritage Convention. https://whc.unesco.org/en/list/414

Reuters. "Riches of Artifacts under Pyramid Reveals Ancient Mexican Culture". *Daily Sabah*

Robb, Matthew, ed. *Teotihuacan: City of Water, City of Fire.* Berkeley: University of California Press, 2017.

Rodriguez, Maria Teresa Palomares. *The Oaxaca Barrio in Teotihuacan: Mortuary Customs and Ethnicity in Mesoamerica's Greatest Metropolis.* Carbondale: Southern Illinois University, 2013.

Sahagún, Fray Bernardino de. *Historia General de las Cosas de Nueva España.* Edited by Francisco del Paso y Troncoso. Madrid: Fototipia de Hauser y Menet, 1905.

Santley, Robert S., and Philip J. Arnold. "The Obsidian Trade to the Tuxtlas Region and Its Implications for the Prehistory of Southern Veracruz, Mexico". *Ancient Mesoamerica* 16, no. 2 (2005): 179–94. http://www.jstor.org/stable/26309178.

Shaer, Matthew. "A Secret Tunnel Found in Mexico May Finally Solve the Mysteries of Teotihuacán". *Smithsonian Magazine* (June 2016). https://www.smithsonianmag.com/history/discovery-secret-tunnel-mexico-solve-mysteries-teotihuacan-180959070/

Shook, Edwin M., and Alfred V. Kidder. "Mound E-III-3, K'aminaljuyu, Guatemala". In *Contributions to American Anthropology and History,* Vol. 9 (53) (1952): 33–127. Washington D.C.: Carnegie Institution of Washington.

Smith, Michael E., Abhishek Chatterjee, Angela C. Huster, Sierra Stewart, and Marion Forest. "Apartment Compounds, Households, and Population in the Ancient City of Teotihuacan, Mexico". *Ancient Mesoamerica* 30, no. 3 (2019): 399–418. doi:10.1017/S0956536118000573.

Somerville, A. D., N. Sugiyama, L. R. Manzanilla, and M. J. Schoeninger. "Animal Management at the Ancient Metropolis of Teotihuacan, Mexico: Stable Isotope Analysis of Leporid (Cottontail and Jackrabbit) Bone Mineral". *PLoS One.* 2016 Aug 17;11(8):e0159982. doi: 10.1371/journal.pone.0159982. PMID: 27532515; PMCID: PMC4988673.

Storey, Rebecca. "An Estimate of Mortality in a Pre-Columbian Urban Population". *American Anthropologist* 87, no. 3 (1985): 519–35. http://www.jstor.org/stable/678874

Storey, Rebecca. "Perinatal Mortality at Pre-Columbian Teotihuacan". *American Journal of Biological Anthropology.* 69, no. 4 (April 1986): 541-548.

Sugiyama, Nawa, Raúl Valadez, Gilberto Pérez, Bernardo Rodriguez, and Fabiola Torres. "Animal Management, Preparation and Sacrifice:

Reconstructing Burial 6 at the Moon Pyramid, Teotihuacan, México".
Anthropozoologica, 48(2), 467-485, (1 December 2013).

Sugiyama, Nawa, Saburo Sugiyama, and Alejandro Sarabia. "Inside the Sun
Pyramid at Teotihuacan, Mexico: 2008–2011 Excavations and Preliminary
Results". *Latin American Antiquity* 24, no. 4 (2013): 403-32.
http://www.jstor.org/stable/23645621.

Sugiyama, Saburo and Leonardo Luján. "Dedicatory Burial/Offering
Complexes at the Moon Pyramid, Teotihuacan: A Preliminary Report of 1998-
2004 Explorations". *Ancient Mesoamerica.* 18 (1): 127-146.
doi:10.1017/S0956536107000065. JSTOR 26309326. S2CID 54787122.

Taube, Karl A. "The Teotihuacan Cave of Origin: The Iconography and
Architecture of Emergence Mythology in Mesoamerica and the American
Southwest". RES: *Anthropology and Aesthetics,* no. 12 (1986): 51-82.
http://www.jstor.org/stable/20166753.

University of California - Riverside. "Modern Activities Follow the Contours of
Ancient Teotihuacan: Lidar Mapping Study Reveals Vast Landscape
Modifications That Still Influence Construction and Farming". *ScienceDaily,*
September 20, 2021.
www.sciencedaily.com/releases/2021/09/210920173156.htm

Venegas, Roberto. "Obsidian from Teotihuacan", *Historical Mexico.*
https://historicalmx.org/items/show/78.

Von Winning, Hasso. "The Old Fire God and His Symbolism at
Teotihuacan". *Indiana,* Vol. 4 (1977). https://doi.org/10.18441/ind.v4i0.7-61

Wade, Lizzie. "The Arrival of Strangers: New Evidence Points to a Clash
Between Two Ancient Mesoamerican Cultures, Teotihuacan and the Maya".
Science. February 27, 2020. https://www.science.org/content/article/astounding-
new-finds-suggest-ancient-empire-may-be-hiding-plain-sight

White, Christine D., T. Douglas Price, and Fred J. Longstaffe. "Residential
Histories of the Human Sacrifices at the Moon Pyramid, Teotihuacan:
Evidence from Oxygen and Strontium Isotopes". *Ancient Mesoamerica* 18, no.
1 (2007): 159-72. http://www.jstor.org/stable/26309328

Fuentes de imágenes

1   Polimerek, CC BY-SA 3.0 <https://creativecommons.org/licenses/by-sa/3.0>, via Wikimedia Commons: https://commons.wikimedia.org/wiki/File: Teotihuacan_Pyramid_of_the_moon_3.jpg

2   El Comandante, CC BY-SA 4.0 <https://creativecommons.org/licenses/by-sa/4.0>, via Wikimedia Commons; https://commons.wikimedia.org/wiki/File:Acr%C3%B3bata_de_Tlatilco.JPG

3   Sailko, CC BY 3.0 <https://creativecommons.org/licenses/by/3.0>, via Wikimedia Commons; https://commons.wikimedia.org/wiki/File:Massico,_totonac,_remojadas_veracruz,_f igura_di_comandante_seduto,_300-600_dc_ca.jpg

4   Jami Dwyer, CC BY-SA 2.0 <https://creativecommons.org/licenses/by-sa/2.0>, via Wikimedia Commons; https://commons.wikimedia.org/wiki/File: Teotihuacan_Feathered_Serpent_(Jami_Dwyer).jpg

5   Cleveland Museum of Art, CC0, via Wikimedia Commons; https://commons.wikimedia.org/wiki/File:Mexico,_Oaxaca,_Zapotec_Culture_-_Funerary_Urn_-_1944.78_-_Cleveland_Museum_of_Art.tif

6   HJPD, CC BY-SA 3.0 <https://creativecommons.org/licenses/by-sa/3.0>, via Wikimedia Commons; https://commons.wikimedia.org/wiki/File:TableroTalud.jpg

7   https://commons.wikimedia.org/wiki/File:Teotihuacan_stone_mask_Soleil_ de_nuit_lot31.jpg

8   Luis Alvaz, CC BY-SA 4.0 <https://creativecommons.org/licenses/by-sa/4.0>, via Wikimedia Commons; https://commons.wikimedia.org/wiki/File: Popocat%C3%A9petl_desde_el_este_(Puebla)_03.jpg

9 Carlos Alonso Caballero Vallejo, CC BY-SA 4.0 <https://creativecommons.org/licenses/by-sa/4.0>, via Wikimedia Commons; https://commons.wikimedia.org/wiki/File:Osamentas_en_Teotihuac%C3%A1n.jpg

10 Renê Millon, CC BY-SA 4.0 <https://creativecommons.org/licenses/by-sa/4.0>, via Wikimedia Commons; https://commons.wikimedia.org/wiki/File:Teotihucan_layout.gif

11 Wolfgang Sauber, CC BY-SA 3.0 <https://creativecommons.org/licenses/by-sa/3.0>, via Wikimedia Commons; https://commons.wikimedia.org/wiki/File:Teotihuac%C3%A1n_-_Modell_Stadt_2.jpg

12 Adrian Hernandez, CC BY-SA 4.0 <https://creativecommons.org/licenses/by-sa/4.0>, via Wikimedia Commons; https://commons.wikimedia.org/wiki/File:Tetitla_Diosa_de_Jade.jpg

13 YoelResidente, CC BY-SA 4.0 <https://creativecommons.org/licenses/by-sa/4.0>, via Wikimedia Commons; https://commons.wikimedia.org/wiki/File:Mural_Tetitla.jpg

14 Armineaghayan, CC BY-SA 4.0 <https://creativecommons.org/licenses/by-sa/4.0>, via Wikimedia Commons; https://commons.wikimedia.org/wiki/File:Wiki_Loves_Pyramids,_Wikimania15,_ArmAg_(16).JPG

15 Wolfgang Sauber, CC BY-SA 3.0 <https://creativecommons.org/licenses/by-sa/3.0>, via Wikimedia Commons; https://commons.wikimedia.org/wiki/File:Teotihuac%C3%A1n_-_Palacio_de_Atetelco_Wandmalerei_3.jpg

16 UNESCO / Dominique Roger, CC BY-SA 3.0 IGO <https://creativecommons.org/licenses/by-sa/3.0/igo/deed.en>, via Wikimedia Commons; https://commons.wikimedia.org/wiki/File:Painting,_Mexico_-_UNESCO_-_PHOTO0000001337_0001.tiff

17 Madman, CC BY-SA 3.0 <http://creativecommons.org/licenses/by-sa/3.0/>, via Wikimedia Commons; https://commons.wikimedia.org/wiki/File:Remojadas_Wheeled_Figurine.jpg

18 https://commons.wikimedia.org/wiki/File:Tripod_Vessel_with_Image_of_Tlaloc_LACMA_AC1993.217.16.jpg

19 https://commons.wikimedia.org/wiki/File:Tepantitla-Mountain-of-Abundance_mural.jpg

20 Thomas Aleto from Riverside, PA, CC BY 2.0 <https://creativecommons.org/licenses/by/2.0>, via Wikimedia Commons; https://commons.wikimedia.org/wiki/File:Great_Goddess_of_Teotihuacan_(T_Aleto).jpg

21 https://commons.wikimedia.org/wiki/File:Tepantitla-Mountain-of-Abundance_mural.jpg

22 Sigvald Linné, CC0, via Wikimedia Commons;
https://commons.wikimedia.org/wiki/File:Arkeologiskt_f%C3%B6rem%C3%A5l_fr
%C3%A5n_Teotihuacan_-_SMVK_-_0307.q.0070.tif

23 Madman2001, CC BY-SA 3.0 <http://creativecommons.org/licenses/by-sa/3.0/>, via
Wikimedia Commons;
https://commons.wikimedia.org/wiki/File:Lake_Texcoco_c_1519.png

24 Wikipedia Loves Art participant "artifacts", CC BY 2.5
<https://creativecommons.org/licenses/by/2.5>, via Wikimedia Commons;
https://commons.wikimedia.org/wiki/File:WLA_lacma_Teotihuacan_jadeite_male.j
pg

25 لا روسا, CC BY-SA 4.0 <https://creativecommons.org/licenses/by-sa/4.0>, via
Wikimedia Commons;
https://commons.wikimedia.org/wiki/File:Huehueteotl,_Teotihuac%C3%A1n.JPG

26 Cleveland Museum of Art, CC0, via Wikimedia Commons;
https://commons.wikimedia.org/wiki/File:Clevelandart_1965.20_(cropped).jpg

27 Dennis Jarvis from Halifax, Canada, CC BY-SA 2.0
<https://creativecommons.org/licenses/by-sa/2.0>, via Wikimedia Commons;
https://commons.wikimedia.org/wiki/File:Mexico-3401_(2213945451).jpg

28 Cleveland Museum of Art, CC0, via Wikimedia Commons;
https://commons.wikimedia.org/wiki/File:Clevelandart_1963.252_(cropped).jpg

29 Arian Zwegers, Brussels, Belgium, CC BY 2.0
<https://creativecommons.org/licenses/by/2.0>, via Wikimedia Commons;
https://commons.wikimedia.org/wiki/File:Teotihuacan,_Citadel,_Temple_of_the_F
eathered_Serpent_(20686669345).jpg

30 https://commons.wikimedia.org/wiki/File:Dark_Rift_2012.jpg

31 HighVibrationStation, CC BY-SA 4.0 <https://creativecommons.org/licenses/by-
sa/4.0>, via Wikimedia Commons; https://commons.wikimedia.org/wiki/File:
Teotihuacan_Pyramid_of_the_sun_from_the_front.jpg

32 Gary Todd, CC0, via Wikimedia Commons;
https://commons.wikimedia.org/wiki/File:Teotihuacan_Ceramic_Vessel_of_Storm_
God_Tlaloc,_Valley_of_Mexico,_150_BC-750_AD.jpg

33 Jorge Láscar from Australia, CC BY 2.0
<https://creativecommons.org/licenses/by/2.0>, via Wikimedia Commons;
https://commons.wikimedia.org/wiki/File:Lascar_Pir%C3%A1mide_de_la_Luna_(P
yramid_of_the_Moon)_(4567206968).jpg

34 H. Grobe, CC BY 3.0 <https://creativecommons.org/licenses/by/3.0>, via
Wikimedia Commons; https://commons.wikimedia.org/wiki/File:
Stela_4,_Tikal,_Guatemala_detail_photographed_1980.jpg

35 DuendeThumb, CC BY-SA 3.0 <https://creativecommons.org/licenses/by-sa/3.0>,
via Wikimedia Commons;
https://commons.wikimedia.org/wiki/File:Yax_Kuk_Mo.jpg

36 Madman2001, CC BY-SA 3.0 <http://creativecommons.org/licenses/by-sa/3.0/>, via Wikimedia Commons; https://commons.wikimedia.org/wiki/File:Classic_sites_1.svg

37 https://commons.wikimedia.org/wiki/File:Four_Aztec_Warriors_in_Drawn_in_Codex_Mendoza.jpg

38 https://commons.wikimedia.org/wiki/File:Pr%C3%ADncipe_Moctezuma_el_Joven_llegando_al_rescate_de_los_mercaderes_sitiados_en_Ayotlan,_en_el_folio_6r_del_libro_IX.png

39 https://commons.wikimedia.org/wiki/File:Nezahualcoyotl.jpg